新 みんなが輝く体育4

# 幼児期

## 運動あそびの進め方

学校体育研究同志会 編

創文企画

# はじめに

## 【保育・教育の自立】

　この「みんなが輝く体育」シリーズは、旧版が2005年から（本書『みんなが輝く体育① 幼児期 運動あそびの進め方』は2009年）発刊され、全国の保育者・教師から「子どもたちがわかり・できるようになった」と好評をいただいた体育実践書です。今回、新しい運動あそび（体育）の実践研究を踏まえて新シリーズを刊行することとなりました。「みんなが輝く体育」というタイトルに示されるように、それぞれの保育・教育の場で、すべての子どもたちが輝く運動あそび（体育）の実践が生み出されることを願って刊行するものです。

　さて、2018年施行の幼稚園教育要領では、新しく「幼児期の終わりまでに育ってほしい姿」として「（1）健康な心と体，（2）自立心，（3）協同性，（4）道徳性・規範意識の芽生え，（5）社会生活との関わり，（6）思考力の芽生え，（7）自然との関わり・生命尊重，（8）数量や図形，標識や文字などへの関心・感覚，（9）言葉による伝え合い，（10）豊かな感性と表現」の「10の姿」が示されました。これらは「幼児の幼稚園修了時の具体的な姿であり，教師が指導を行う際に考慮するものである」とされ、保育所、こども園でも同様に卒園時の姿であり、指導を行う際に考慮するものとなりました。

　この新しい幼稚園教育要領等で「10の姿」が示された時、幼稚園、保育所、こども園の保育者には戸惑いが広がりました。これらの姿をどう扱えば良いのか、これらは子どもを評価する項目なのか、従来の5領域との関係はどうなるのか等々。

　幼稚園、保育所、こども園を卒園した子どもたちは小学校に入学します。小学校に進学した子どもたちは、2020年施行の学習指導要領のもとで義務教育を受けることになります。この新しい学習指導要領には「主体的・対話的で深い学び」を目指すことと、育成するべき資質・能力として「①知識・技能、②思考力・判断力・表現力等、③学びに向かう力・人間性等」が示されています。

　就学前の保育・教育を終えた子どもたちが、小学校のこの新しい学習指導要領にスムーズに馴染んでいくには、今回の「10の姿」をはじめ新しい幼稚園教育要領等の内容が必要でしょう。就学前と就学後の教育の連続性は大変重要です。しかし、もし新しい小学校の学習指導要領のためだけに、新しい幼稚園教育要領等が用意されたとすればこれは困ります。なぜなら就学前の子どもたちには、就学前の時期にしか学べない、体験できない保育・教育の独自性があります。もし小学校の学習指導要領をスムーズにこなすために、この幼児期があるという発想だとすれば、それは残念なものです。

　幼稚園教育要領等が改訂され、新しい内容が盛り込まれましたが、それを担う保育者の労働条件は十分とは言えません。2016年に「保育園落ちた」というブログが発信され、待機児童問題がクローズアップされました。待機児童対策が進まない大きな原因の1つは、保育者の労働条件の厳しさです。労働

条件の厳しい中で、いくら新しい幼稚園教育要領等で子どもの「10の姿」と言われても、より良い保育をしたいと思っても、保育者は子どもを預かるだけで精一杯という園もあります。

　また待機児童を減らすためにさまざまな施策を講じられていますが、子どもたちの発達を保障するための保育の質は十分だとは言えないのが現状です。保育所等には、本来国が定めた保育者1人の担当人数や、子ども1人当たりに必要な保育のための面積等の最低基準があります。世界的に見て子ども1人当たりの保育スペースが狭い日本において、これらの基準を緩和することで待機児童を解決しようとするのは保育の質が問われることになります。保育者が子どものために、より良い保育を行いたいという思いがあったとしてもなかなか難しい状況です。

　これらの保育における課題に向き合うためには、私たちはまず目の前にいる子どもたちのために、現実の保育実践をベースにしながら、各幼稚園・保育所・こども園において、保育者集団で協働して考え、より良い保育を行うことから始める他ありません。具体的には、どの園でも取り組まれていることですが、日々の保育計画から年間の保育計画までを作成し、子どもの成長を見守る評価の基準を持つという各園独自の自立性を生み出し、子どもたちをしっかり育てていくことだと思います。事前に机上で立案した保育計画がどんなに優れたものであったとしても、それぞれの園や子どもの実態に応じたものでなければ、うまく機能しないことは明らかです。子どもが生き生きと輝き、個性を光らせる保育は、日々子どもに向き合い、実践に直接的に関わる保育者たちによって自主的に創り上げてい

く必要があります。本シリーズは、そのための「手がかり」となる運動あそびの実践を、これまでの実践研究の蓄積をもとに提案しようとするものです。

【5つの柱】

　私たち学校体育研究同志会（以下、体育同志会あるいは同志会）は、本シリーズを刊行するに当たり、以下の5つの柱を大切にしてきました。

[運動文化の主人公]

　第一に、私たちは、運動あそび、スポーツ、体操、舞踊などを、人間らしい生活と発達に欠かせない独自の運動文化ととらえる立場から、体育（運動あそび）の実践を構想しています。体育（運動あそび）は、運動文化を次の世代に引き継ぎ、より発展させる実践の中心的な領域であり、子どもや青年はそれぞれが「運動文化の主人公（リレーランナー）」であると私たちは考えています。幼児期においては、運動文化の主人公を育てるために「自分の体を十分に動かし、友だちと一緒に楽しく遊ぶことができる力」を大切にします。幼児期に「基礎的な運動能力」を身につけ、「自分の体」を思うように動かせる楽しさ、「友だちと一緒に遊ぶ」楽しさ、を知ることが運動文化の主人公となる土台となります。

[子どもの発達課題]

　第二に、私たちは、子どもの発達を豊かにし、そして現実に立脚して高めようとしています。現代の子どもの発達をできるだけリアルにとらえ、現実と発達可能性とを橋渡しする発達課題を探り発達保障にむかう教育の原則的な視点を大事にします。幼児期では、五感を使い全身で「できる」ようになること、同時に「体を動かすことの楽しさ」を知るこ

とが発達課題の中核になるのです。

[学んでほしい内容の重点化]

　第三に、私たちは、子どもの発達と学習課題に則して、運動あそびの内容の最も重要な点をはっきりさせよう（重点化を図ろう）と試みました。子どもの生活や発達の課題と運動文化（運動あそび）の内容を関係付けて考える中で、子どもたちに獲得して欲しい力や内容を絞り込みました。幼児期では、運動学習の内容の重点を「姿勢制御や移動する運動」「物や人の動きの予測・判断」「スピードやリズムのコントロール」という３つに絞り、さらに「姿勢制御や移動する運動能力の獲得（※詳細は第１章参照。バランス感覚や歩く・走るなどの運動能力）」が幼児期では重要であろうと考えました。

[保育の事実をもとに]

　第四に、本書ではこれまでの同志会実践研究60年の蓄積をもとに、保育実践という具体的な形で、そのエッセンスを実践的な根拠をもって提案しています。しかし、本書で取り上げた運動学習の内容を子どもたちに身につけて欲しいと考えた時、最もふさわしいと考える運動あそび（題材・教材）の選択・解釈には、各園（現場）の条件や、保育者の運動あそびの指導経験や教材研究の力量などによって違いがあらわれるでしょう。本書で取り上げた「運動あそび」は、具体的なものもありますが、それはあくまでも１つの「例示」です。各園のみなさんの目の前にいる子どもたちの実際の様子（事実）をもとに、さらに工夫して欲しいと思います。

[ともに学ぶ]

　第五に、私たちは、異なる経験や能力や個性を持つ多様な子どもたちが、協同して運動あそびや文化や科学の成果を分かち合うことによって、「みんなが輝く」学習が実現すると考えています。それを私たちは異質協同の「グループ学習」として実践的に追求してきましたし、幼児期の運動あそびの指導でもグループでの活動（学習）を、学び方の基本としました。

【私たち保育者のためのカリキュラム】

　本書は、2003年と2004年に刊行された『私たちの教育課程試案（理論編、実践編）』に続く『運動あそびの実践集』です。先の２冊の『私たちの教育課程試案』では、私たちが考える教育課程の理論と実践を具体化しました。そして、この理論と実践に基づいて本書が作られています。「理論－実践編」と「保育実践」をつなぐ役割を果たしているのが、本書の第１章「幼児期の発達と運動あそびのねらいと内容」です。興味のある方は、本書と併せて『私たちの教育課程試案（理論編、実践編）』も読んで頂けると、私たちの考えるカリキュラムの具体像がより理解して頂けるかと思います。

　さて、実際の保育をより豊かにしていくための「手がかり」となるように、本書はこれまでの実践研究の成果（子どもたちが変わった事実）をもとに、何のために（目的、目標）、何を（内容）、どのように（方法）教えるべきかを明確にし、保育の実践例を示しました。これは、保育者が自分で「運動あそびは何のために行うか」を考えるべきだと思っているためです。目の前にいる子どもたちに対して、私たちは「何のために」「何を」教えるべきか、直接の責任を負っています。その責任をきちんと果たそうと思えば、「運動あそびの指導は何のために行うか」を、私たちは自分で考えるべきなのです。

　つまり、目の前の子どもたちのために運動あそびの指導や年間指導計画をつくりあげていく上で大切なことは、「目的・目標―内容―方法」の関係を保育者自らが主体的に考え、これらの関連を実践の全体を通して振り返りながら、より良いものにしていくように追求していくことなのです。この主体性を追求していくことは、かなりしんどく辛いことかもしれません。しかし、この主体性を放棄したとき、私たちは保育者としての主体性、自立性を失うこととなるのです。

　本来、日々の保育やその保育の全体を示すカリキュラム（教育課程）とは各幼稚園・保育所・こども園でつくられるべきもので、そのためにはいくつもの「保育（教育）課程試案」や「保育計画」が必要です。そのいくつもの試案を参考にしながら、各幼稚園・保育所・こども園が自分たちにあった保育（教育）カリキュラムを創りあげていくことによって「幼稚園・保育所・こども園の自立」が実現し、「豊かな保育」が創られていくのです。

　私たちが、同志会の「教育課程試案づくり」に取り組み、本シリーズを刊行しようとしたのは、日本にいくつもの「保育（教育）カリキュラムの試案」があり、この多くの試案から、それぞれの幼稚園・保育所・こども園に合う保育（教育）カリキュラムを創るべきだと考えたためなのです。

　さらに、旧シリーズは、幼児期から高校に至る発達段階・学校階梯と障がい児体育の分野を含んで編纂されています。「みんな」には、当然障がいとともに歩む子どもたちも含まれているのです。発達段階・学校階梯の関連性はカリキュラム編成の重要な課題であると当時に、障がい児体育の実践は私たちが見落としがちな発達・学習保障のための実践課題を

くっきりと示してくれます。

　本書及び「新みんなが輝く体育」シリーズの刊行によって、保育者及び幼稚園・保育所・こども園の自立が実現され、子どもたちの笑顔が、夜空の星々のように輝くことを願っています。

2021年3月　口野隆史　塩田桃子

【参考文献】
1）森敏生、口野隆史（2009）「はじめに」『みんなが輝く体育①　幼児期　運動あそびの進め方』創文企画、pp.1-3
2）口野隆史（2016）「『保育園落ちた』に関わる諸問題」『たのしい体育・スポーツ夏号』№ 300、pp.70-71

# 目　次

# 第1章

## 幼児期の発達と運動あそびのねらいと内容

## Ⅰ. 幼児期の子どもの発達

### 1. ヒトから人間へ

　誕生から小学校へ入学する頃までの子どもの成長・発達は著しいものです。それは、何億年何万年という人類の進化の歴史を見るようでもあります。生まれてしばらくは、寝返りもできず、自分の体や手足もうまく使えません。進化で言えば魚の時代でしょうか。少し前まで母体の羊水の中にいましたが、それが外界に出て、手足もまだうまく使えない魚のようです。そのうち寝返りができ、うつ伏せからアゴを上げ、上半身を腕で支え、魚類から両生類へと進化していきます。腕と足を使いハイハイを始めます。ハイハイも最初は下手で、両生類や爬虫類のようです。そのうちハイハイもうまくなり、四つ足の哺乳類のようになっていきます。生後 1 年ぐらいになると、今度はつかまり立ちから立って歩けるようになります。進化の段階で言えばサルから 2 足歩行のヒトへの進化です。

　子どもたちの進化はさらに続きます。立って歩けるようになると、手も自由に使えるようになります。子どもたちは、散歩に出かけると道端の石にも興味を示し、石を集めその石で遊んだりします。石器時代の名残のようでもあります。紙に地面に、絵を描く姿は、われわれの先祖が洞窟に壁画を描いた姿にも似ています。ダンゴ虫を集め、バッタや蝶を追う姿は、採集・狩猟時代の人類のようでもあります。泥んこあそびで土や水の感触を覚え、花の種を捲き、ヒヨコやウサギの世話をする姿は、農耕・牧畜のなごりのようです。狭い場所に入り込み、秘密基地を作るのも人類の祖先が洞窟で暮らした様子にも似ていま

す。

　このように幼児期の子どもたちは、自分の目の前の様々な事物に直接働きかけ、試行錯誤を繰り返し多くのことを学んでいきます。失敗を繰り返し、行きつ戻りつしながら、人類の歴史に似た体験を辿り成長・発達し、より人間らしくなっていきます。しかし現代の子どもたちは、温度管理された室内で、暑さ寒さや季節の変化もあまり感じることなく、スマホを見ながら、先のような体験をすることが少なくなりました。子どもたちがより人間らしく成長・発達するための、このような体験やその機会を、われわれ大人は奪っているのかもしれません。

### 2. 幼児期の子どものあそびの発達（運動あそびの発達は、まず感覚運動機能に働きかけること、子ども発達段階を理解し援助すること）

　乳幼児期の「遊び」は、「機能的遊び」から「象徴的遊び」「ルールのある遊び」へと発達すると言われています。「機能的遊び」とは「乳幼児は、生まれながらにもっている反射的な行動をもとにして、いろいろ新しい感覚運動を獲得していくが、このような自ら学習した感覚運動機能を、あくまで機能的な快楽のために実践する遊び」[1] です。この遊びは 2 歳ごろを最盛期としますが、この頃の子どもたちの様子を見ていると、同じ所を行ったり来たり、ぐるぐる回ったり、何度も滑り台を滑ったり、何度も同じ所から跳び降りたり、また泥あそびで泥の感触を楽しんだり、自ら運動しその運動によって自らの感覚に働きかけ、それを楽しみその機能を高めていきます。自分の「感覚運動機能」に刺激を与え、その自分の運動の「感覚」を楽しみ、さらにそれ

を豊かにすることを繰り返しています。この遊びは、大人になっても消滅するわけではありません。大人になってするブランコやすべ台も楽しいし、遊園地のジェットコースターやフリーフォールは大人のための遊び道具でもあります。2歳ごろから始まるこの「機能的な遊び」をより豊かにするための働きかけが、幼児期における「運動あそび」の指導の重点の1つと考えられます。

　そして子どものあそびは「象徴的遊び」へと変わっていきます。「象徴的遊び」とは「幼児が以前に使用した活動、あるいは以前に観察し、そして現在目の前にない事物を頭の中で思い浮かべることができるようになった時期に、機能的遊びが象徴的遊びとなってあらわれてくる」[1]と言われるもので、いわゆる『ごっこ遊び』です。これは3歳以降の幼児の中心的な遊びとなっていきます。さらに「象徴的遊び」は、5、6歳以降次第に「ルールのある遊び」にその席を譲っていきます。そしてこの「ルールのある遊び」は「急速に重要なものとなり、やがて青年において、さらに成人において遊びの主要な形式となる」[1]とされています。それまでルールのないままに遊んでいた子どもたちは、この頃にはルールのあるあそびが楽しいことに気づき始めます。ルールのある中で、仲間と工夫し勝ったり負けたりすること、作戦を考えたり役割を分担することを楽しむようになります。またそのルール自体も、みんなが楽しめるように工夫する面白さを感じるようになります。幼児期における「あそび」の発達段階は、およそこのような経過を辿りますが、「運動あそびの学習や指導」もこのような段階に沿うことが重要だと思います。保育者がこのような発達の道筋を理解しつつ、子どもと寄り添い

ながら保育を進めていくことが大切になると思われます。

## 3. 幼児期の子どもの認識面の発達

　幼児期の認識面の発達は、4歳半ごろを境に大きくそれ以前の「欲求、願望」の時期と、それ以降の「予測・見通し」の時期に分けて考えることができます。子どもたちは、「4歳半の節」の前後を通じ、運動・操作系と表現・言語系の2つの系を媒介に認識の土台を形成します。「欲求、願望」の時期には、子どもたちに十分な自己表現の機会が用意されるべきでしょう。信頼できる大人である親や保育者は、その自己表現を大切にし、子どもの話を先取りせず話をよく聞き、それに丁寧に応答することも重要です。その後の「予測・見通し」の時期には、前の時期を土台に他者の理解を深め、見通しや予測を持った行動が、行えるようになる時期です。親や保育者や友だちと会話し、自分の言いたいことを伝え、他人の話を聞き、どこが違うのかを相手と確認しながら、自分の考えをまとめていくこともできるようになって欲しい時期です。

　話しことばの一応完成期である「4歳半の節」をはさみ、その前段階の3歳ぐらいでは"〜しながら〜する"ことができるようになり、「ゆっくりと、ふわっと」など言語による運動の調整が可能になってきます。4歳ぐらいでは"〜だけれども〜していく"というように自分の欲求を抑えて行動することも可能になります。5歳児ぐらいになれば"〜のために〜する"と目的、見通しを持った行動もできるようになります。これらの発達をより促していくには、まず集団でよく遊び、友だちをつくり、経験を言語化していくという取り組みが求められるでしょう。[2]

　前述の2.と3.において、子どものあそびや認識の発達について述べてきましたが、これらの発達は子どもたちを放っておいて、勝手に育つものではありません。保育者や親やまわりの大人が関わり、同じ年齢や違う年齢の子ども同士が関わり、初めて発達していくものです。その上で保育者は、子どもの発達段階を理解しつつ、先の見通しを持って子どもたちの指導にあたることが大切です。しかし、保育者は子どもたちの言動を先取りし過ぎてもいけません。保育者は様々な可能性を子どもたちの前に示し、子どもたちの認識やその持てる能力に働きかけ「やってみたい、試してみたい」という気持ちにさせることが大切です。そして「5、6歳だからこれぐらいは、できて・わかってほしい」という場合もありますが、時には目の前の子どもたちの状況に合わせ「5、6歳でも3歳の遊びから」始め、行きつ戻りつすることも大切です。逆に4歳児ぐらいでも、子どもたちが3、4歳程度の遊びに飽きているなら、それは子どもたちが既に「5、6歳」の「ルールのある遊び」（先述）の段階に達しているかもしれません。保育者が子どもを無理に3、4歳の遊びに留めるのではなく、目の前にいる子どもの発達の現状に合わせた指導が大切です。

## Ⅱ．子どもの運動発達の現状

### 1．幼児期の子どもの運動発達の現状

　中村らは、2007年に幼児の7つの基本的動作（疾走、跳躍、投球等）の様子と1985年のそれらを比較し「7種類の基本的動作とも今日（2007年）の幼児の基本的動作の習得状況は、1985年の幼児と比べ、低い発達段階にとどまっていることが認められた。さらに特筆すべき結果として、動作発達得点の比較から、今日の年長児の基本的動作の習得状況が、1985年の年少児と同様であることが示された」[3]と述べています。詳細は省きますが、中村らはこの報告で"昔との比較"においては"数・量的"な比較だけでなく「動作様式の質的な変容過程を観察的に評価する方法」で"質的"な新旧の幼児の映像の比較を行っています。その上で、今日の幼児は「（数量的な）運動パフォーマンスの経年的低下のみではなく、運動パフォーマンスを生み出す（質的な）動作様式そのものの発達が未熟な段階にとどまっている」[3]としています。この報告は、幼児の動作の質的な面にも眼を向けた分析であり、その内容は傾聴に値するでしょう。今日の幼児らの動作は、昔より"ぎこちなく、不器用さが目立ち、より幼いもの"ということになると思われます。筆者も1980年代に撮影した当時の年長児の映像を見ると、今の小学校低学年のようにも思えます。

### 2．日本の子どもの体力・運動能力の様子

　先述のように本書の初版が出版された2009年頃、幼児期の子どもたちの運動能力は1980年代の子どもたちより1歳か2歳ほど幼い状況にあったようです。2000年の初め頃からその後日本の子どもたちの体力・運動能力の様子はどのように変化しているのでしょうか。以下、スポーツ庁による「体力・運動能力調査の概要、体力・運動能力の年次推移の傾向、青少年（6〜19歳）」[4]などからその様子を見てみたいと思います。

《2000〜2007年頃、衰退・危機的状況》
　2003年度のスポーツ庁の報告では「ほと

んどの年齢段階でいずれの基礎的運動能力及び握力も引き続き低下傾向であることがうかがわれる」とされ、それ以前の1990年代より「低下傾向」が続いていることが示されています。さらに2007年度には「運動能力の低下傾向に歯止めがかかったというより、最低限のレベルまで落ちてしまったと考えるべきではないか」（文部科学省生涯スポーツ課談、読売新聞2007年10月）と報告され、日本の子どもたちの体力・運動能力が最も低くなったことを示しています。

《2008～2018年頃、回復・向上的状況》

2008年度、スポーツ庁は「最近10年間の合計点の年次推移をみると，小学生高学年以上の年代では，緩やかな向上傾向を示している」とし、2007年度の「最低限のレベル」から「向上傾向」を示していると報告しています。2010年度においては「新体力テストの合計点では，すべての年代において1998～2010年度（13年間）の過去最高の記録になっている」とし、体力・運動能力の回復を報告しています。2016年度には「新体力テスト施行後の19年間の合計点の年次推移をみると，ほとんどの年代で，緩やかな向上傾向を示している」とし、2010年代後半の

回復、向上の傾向を示しています。

《2019年頃、再び低下、小学校男子過去最低水準》

スポーツ庁は「令和元（2019）年度は小・中学生の男女ともに低下した。小・中学生ともに、女子よりも男子の方が大きく低下しており、特に、小学生男子は過去最低の数値であった」（図1）と報告しています。これは「児童生徒のテレビ、DVD、ゲーム機、スマートフォン、パソコン等による映像の視聴時間と体力合計点の関係をみると、平日1日当たりの映像視聴時間が長時間になると体力合計点が低下する傾向がみられる」としており、子どものいわゆる"スクリーンタイム（映像の視聴時間）"が影響していることを報告しています。「子どもの体力下落　全国調査　小5男子過去最低　長時間スマホ影響か（朝日新聞2019年12月）」と、急速な"スマホ"の普及が懸念されています。

このように2007年「最低限のレベルまで落ちた」と言われた子どもの体力・運動能力はその後2018年頃にかけ、向上の兆しが見えてきました。その背景の1つには小学校での学習指導要領の改訂により体育の授業時間が増えたことがあるようです（幼児期にお

## 〈体力合計点の経年変化〉

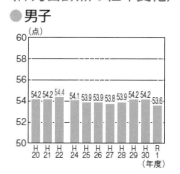

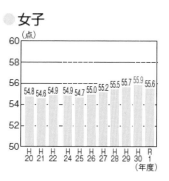

図1　小学校5年生の「体力合計点の経年変化」平成20（2008）～令和元（2019）年[5]

いては、2012年に幼児期運動指針（後述）が策定されましたが、その影響・効果は不明です）。

しかし再び2019年の「全国体力・運動能力調査」では、小学校5年生男子の「体力合計点」が過去12年間で最低の数値ということが報告されました。これが幼児期の子どもたちとイコールということではありませんが、上記のスポーツ庁の報告にもあるように、子どもたちのスマホ等の「映像視聴時間」の長時間化が、幼児期の子どもたちの体力・運動能力にも影響していると思われます。さらにこの本を執筆している2020～21年の新型コロナウイルス感染拡大の影響は、子どもたちの体力・運動能力に大きな影響をもたらすのではないかと思われます。

## III. 幼児期運動指針と幼稚園教育要領

### 1. 幼児期運動指針 6) の策定（現状への対策）

ここでは幼児期運動指針を引用しながら、その要点を示します。幼児期運動指針は、先の2007年の中村らの調査の後、その調査メンバーらが中心となり、「幼児にとって体を動かして遊ぶ機会が減少することは、その後の児童期、青年期への運動やスポーツに親しむ資質や能力の育成の阻害に止まらず、意欲や気力の減弱、対人関係などコミュニケーションをうまく構築できないなど、子どもの心の発達にも重大な影響を及ぼすことにもなりかねない（同指針より）」との考えの元に、2012年文部科学省から示されました。幼児期運動指針では「1. 多様な動きが経験できるように様々な遊びを取り入れること。2. 楽しく体を動かす時間を確保すること。3. 発達の特性に応じた遊びを提供すること」の

3点がポイントとして示され、ガイドブックやパンフレットも作成され、普及に力が注がれました。

幼児期運動指針では「幼児期において、遊びを中心とする身体活動を十分に行うことは、多様な動きを身につけるだけでなく、心肺機能や骨形成にも寄与するなど、生涯にわたって健康を維持したり、何事にも積極的に取り組む意欲を育んだりするなど、豊かな人生を送るための基盤づくりとなることから、以下のような様々な効果が期待できる」とし「(1) 体力・運動能力の向上、(2) 健康的な体の育成、(3) 意欲的な心の育成、(4) 社会適応力の発達、(5) 認知的能力の発達」の5項目を示しています。

「(1) 体力・運動能力の向上」においては、「特に幼児期は、神経機能の発達が著しく、タイミングよく動いたり、力の加減をコントロールしたりするなどの運動を調整する能力が顕著に向上する時期である」とし「この能力は、新しい動きを身につけるときに重要な働きをする能力であるとともに、周りの状況の的確な判断や予測に基づいて行動する能力を含んでおり、けがや事故を防止することにもつながる」としています。また「日ごろから体を動かすことは、結果として活動し続ける力（持久力）を高めることにもつながる」とし、幼児期に向上させたい幾つかの「運動能力」を示しています（※下線は筆者による）。

また「幼児期の運動の在り方」として「幼児期は、生涯にわたって必要な多くの運動の基となる多様な動きを幅広く獲得する非常に大切な時期である。動きの獲得には、『動きの多様化』と『動きの洗練化』の二つの方向性がある」としています。「動きの多様化」においては、大きく基本的な動きを「体のバ

ランスをとる動き」「体を移動する動き」「用
具などを操作する動き」の３つの動きに分
類しています（図２）。また幼児期を「①３
歳から４歳ごろ、②４歳から５歳ごろ、③
５歳から６歳ごろ」の時期に分け発達段階に
則した内容を示しています。

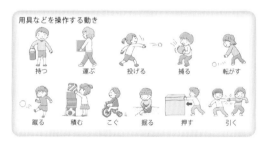

**図２　幼児期に経験する基本的な動きの例**[7]

## 2．幼児期運動指針の普及

　幼児期運動指針は文部科学省から各地方自
治体の教育委員会を通じ、そのガイドブック
とパンフレットが、幼稚園、保育所、こども
園に配布されました。文部科学省の審議会議
である「スポーツ審議会、スポーツ基本計画
部会（平成28（2016）年）」は「学校体育
をはじめ子供のスポーツ機会の充実による運
動習慣の確保と体力の向上の "具体的施策"」
として、「国は、地方公共団体及びスポーツ
団体等と連携し、幼児期運動指針やこれに基
づく指導参考資料を各幼稚園や保護者等に対
して幅広く普及し、活用を促すことで、幼児
期からの運動習慣づくりを推進」[8]すること
としています。日本の幼児の現状を分析し策
定された幼児期運動指針の広がりは、どのよ
うな状況だったでしょうか。

　筆者が2016年に行った調査[9]によれば、
その普及の状況は下記に示すようなものでし
た。近畿、福岡を中心に全国73の幼稚園、
保育所、こども園に調査を依頼し、45園か
ら回答を頂きました。各園の園長に、各地の
教育委員会から配布された『ガイドブック』
をどのように扱ったかを尋ねたところ、その
回答の結果は以下のようなものでした。「職
員室で、全職員が見られるようにしている」
47.4％、「全職員に回覧」22.8％、「全職員
に印刷や購入をして配布」3.5％、「講師を招
き園内で研修」「指針の研修会を園内で定期
的に行う」「園外の研修会に先生を派遣する」
はいずれも０％でした。「特に何もしていな
い」21.1％、「その他、送られてきていない、
以前のことなので忘れた」3.5％でした。

　次に保育者237人に、「幼児期運動指針」
『ガイドブック』が、子どもに運動あそび
を指導する際、役に立っているのかどうか
を、以下の①〜⑥の項目で尋ねました。「①
とても役に立っている」1.8％、「②役に立っ
ている」20.3％、「③どちらとも言えない」
20.7％、「④役に立っていない」1.8％、「まっ
たく役に立っていない」0％、「⑥わからない、
知らない」55.4％、というものでした。半数
以上の保育者が「わからない、（幼児期運動
指針の存在を）知らない」という結果でした。

また、文部科学省の「スポーツ実施率向上のための行動計画」を話し合う「健康スポーツ部会（2018年）」においても、「それぞれの項目の書きぶりが非常に細かったり、高いレベルで書いてあったりする。幼児期運動指針や新学習指導要領は専門家しかわからないと思う」[10] とも述べられています。

他にも「幼児期運動指針の活用の有無」を調査している報告もありますが、そこでも「幼稚園・保育園ともに、活用していると回答した保育者は非常に少ない」[11] ようです。

せっかく策定された日本の幼児のための幼児期運動指針ですが、なかなか浸透は難しいようです。日本の各幼稚園、保育所、こども園にはそれぞれその園独自のカリキュラムがあります。各園の実情に合わせたその独自性はとても良いことですが、その中にこの幼児期運動指針の知見が生かされる工夫がさらに必要でしょう。

### 3.　幼稚園教育要領[12] の改訂

幼児期運動指針が策定された後、幼稚園教育要領も2017年改訂、2018年4月から施行されました。この幼稚園教育要領においては、大きな改訂として第1章総則で「幼児期の終わりまでに育ってほしい姿」が10項目示されました。この改訂に関わったメンバーの1人である汐見は、この10の姿を3つのグループに分け、下記のように示しています。

「〈体を使う力〉「健康な心と体」「自然との関わり・生命尊重」「豊かな感性と表現」の3つの姿。体をうまく使うことや手先が器用になるなど、さまざまな技術を覚えていくこと。五感で感じとる感性。運動にとどまらず、

自然や生命を感じることも、体を使う力のひとつです。

〈考える力（頭を使う力）〉「思考力の芽生え」「数量や図形、標識や文字などへの関心・感覚」の2つの姿。子ども自身が試行錯誤しながらじっくり考えることで、考える力は育ちます。数や文字を、ただ覚えるのではなく、まずは興味を持って、必要だと思うことが、学びの基本になります。

〈人と関わる力〉「協同性」「道徳性・規範意識の芽生え」「社会生活との関わり」「言葉による伝え合い」4つの姿。人と直接関わって力を合わせること、よい関係をつくるためにルールを守るなど、対人関係の基本を幼児期に育てていくことが大事です。

〈これらの3つを支えるために大切な姿〉「自立心」。主体的に「やりたい」と思う気持ちが、さまざまな力を身につける土台になっていくのです」[13]

このように、今回の幼稚園教育要領の改訂では、〈体を使う力〉だけでなく、〈考える力（頭を使う力）〉も重視されています。これは後述するように、私たち学校体育研究同志会が「できる」ことだけでなく「わかる」ことを重視してきたことが、ようやく幼稚園教育要領にも示されたように思われます。

また幼稚園教育要領の「第2章ねらい及び内容」では、「3 内容の取扱いの（2）」において「様々な遊びの中で，幼児が興味や関心，能力に応じて全身を使って活動することにより，体を動かす楽しさを味わい，自分の体を大切にしようとする気持ちが育つようにすること。その際，多様な動きを経験する中で，体の動きを調整するようにすること（下線は筆者）」と、下線の部分が追加され、幼

児期運動指針の内容が若干反映されているように思われます。しかし、新しくはなりましたが、幼児の体力・運動能力に関する内容としてはこれだけではわかりにくいと思われます。

## Ⅳ. 幼児期の運動あそびのねらい

　2003 年に学校体育研究同志会では『教師と子どもが創る　体育・健康教育の教育課程試案』（創文企画）を著しました。幼児期の体育指導についても同書において、課題、ねらい、内容を示しました。以下ではそこで示した体育（運動あそび）の 3 つの大きな「ねらい」について述べたいと思います。ぜひ読者のみなさんも、各園の目の前の子どもたちの現状に合わせて、この「3 つのねらい」について考えてみて頂ければと思います。

　少し体育の専門的な話になりますが、私たちはまず 3 つの大きなねらいを「3 ともモデル（図 3）」と呼び、次のように考えました。「『3 ともモデル』における『ともにうまくなる』課題領域は，スポーツの技術や戦術を獲得し発展させていくという課題領域である。『ともに楽しみ競い合う』課題領域は，スポーツをともに楽しみ共有する人間関係や組織の中で生じる問題を民主的な手続きや合意形成によって解決していく課題領域である。『ともに意味を問い直す』課題領域は，学びの対象である運動文化（スポーツ）―自己―他者の三つの次元の関係の意味を学びの主体である子どもたちが反省的交流を通して問い直すことが課題となる領域である」[14]。この後に、この「3 つのともに」を幼児期の運動あそびに引き寄せて考えてみたいと思います。[15]

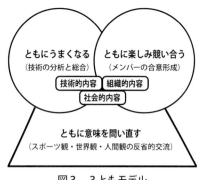

図3　3ともモデル

### 1. ともにうまくなる

・自分の体を十分に動かして、友だちと一緒に楽しく遊ぶことができる。
・自分や友だちの動きを言葉などで表し、友だちや保育者に伝えることができる。
・自分も友だちもうまくなり、認めたり認められたりする経験をする。

　就学前においては、まず子どもたちが自分自身の体を、十分に楽しく動かせるようになることが大切です。自分自身の体を動かすことを通じて、そこから他者の体の動きも理解できるようになります。そして、1 人ではなく、多くの仲間と一緒に遊ぶことの楽しさも味わえるようになってほしいと思います。「ともにうまくなる」ために、子どもたちがまず自分の体の動きについて、自分である程度「わかる」ことが必要です。もちろん、子どもが自分の体の動きについて「わかる」といっても、幼児期のレベルでの「わかる」ですから、すべてを言葉で表すというわけではありません。保育者はこの年齢に応じた子どもたちの「わかり方」を、子どもたちから色々と引き出すことが望まれます。子どもたちが自分自身の体を動かすことを楽しみながら、自分の

体の動きを言葉や音や絵やあるいは、身振り手振りなどでも表せることを目標にしたいと思います。

「言葉で表せる」というのは、例えばマット運動で、四つん這いで腕に体重をかけたゆっくりした動きを「クマみたい」「ゾウのように」と表現できたり、"跳ぶ動作"を「カエル跳び」とか「キック跳び（大股で跳ぶ）」などのように、自分の動きに名前をつけられるようなことでもあります。また、動きにうまく名前がつけられなくても、自分の動きを「グルグル」「フワッと」などの擬態語で表せたりすること、また運動の後で、絵にして表せることも大切でしょう。また、自分や友だちの動きを、手や腕や顔の表情もまじえて、「（指先で）トントントーン」「（両手を広げ目を丸くして）このくらい」などという表現ができることも大切です。それらを徐々に言語化し、保育者や友だちと共有できることをめざしたいと思います。その上で、自分の動きばかりでなく友だちの動きにも、他のみんなが共通に理解し合えるような名前がつけられる力も身につけてくれればと考えます。そして、それをもとに自分の動きと友だちの動きの違いがわかり、それが表現できるようになって欲しと思います。さらに、うまい子とまだうまくできていない子の違いがわかり、それをその子に伝えることができれば、就学前の子どもたちでも互いの動きについて教え合えるようになるでしょう。

例えば、マット運動の側転において、うまい子の手や足の着く位置はどこなのか、うまくできない子のそれはどうなっているのか、保育者が子どもたちの見るポイントを絞っていけば、幼児期の子どもたちでもお互いにアドバイスをすることが可能になります。まず

は自分や友だちの動きを自分の言葉で表現し、それをお互いに伝え合う、教え合うことが重要です。その上で少しずつより良いアドバイスができるようになれば良いでしょう。

## 2. ともに楽しみ競い合う

> ・自分の気持ちを友だちや保育者に伝え、友だちの気持ちを理解しながら、自分も友だちも楽しめるルールを保育者とともに考え、つくり、遊ぶことができる。
> ・あそびの準備や後片づけ、ゲーム大会のお手伝いなどを、保育者とともに友だちと一緒に行うことができる。

子どもたちには、自分の気持ちを表現し、相手にそれを伝え、理解してもらえるようになって欲しいと考えます。友だちを誘い、友だちに誘われ、仲間に加わるなどは単純なことのようですが、まずそれができることが大切です。その上で、お互いの気持ちを理解しながら、意見を出し合い、自分も友だちも楽しめるルールを、保育者とともに創っていけることを目標にしたいと思います。しかし誰かがそのルールで不都合であったり、どうしても嫌であったりするなら、再び互いに自分の気持ちを伝え合い、できるだけ自分も友だちも全員が楽しめるルールを、保育者と共に作れるようになることをめざせればと思います。保育者も、そのために子どもたちを誘い、その気にさせていくことも大切です。保育者は、全ての子どもの欲求を満足させることはできませんが、日頃の子どもたちの様子を見ながら、子どもたちの前に、いくつかの選択肢とその可能性や見通しを示すことが大切で

しょう。

　例えば、「的当てゲーム」のような遊びにおいても、保育者がルールを最初から決めて「こうします」というのではなく、何を「的」にするのか、何を投げるのか、どこから投げるのかなど、ゲームを進めながらみんなで意見を出し合い、保育者とともにルールを決めていくということも大切でしょう。その時、保育者は、子どもたちに「的は、当たると音が出るとおもしろいよ」とか「みんなが投げやすいのはどんな物かな」と子どもたちを誘い、働きかけることも大切です。そして、保育者は、それぞれの選択肢について「そうすると、こんなおもしろいことになるかもしれないよ」と、およその可能性や見通しを示してあげることも大切でしょう。

　また、1つのあそびのルールができてきたら、そのルールを守りながら、次は友だちと作戦や役割分担を考え、それに沿ってあそびをさらに楽しめるようになることをめざしたいものです。例えば、チーム対抗の「けいどろ（警察と泥棒）」のようなおにごっこであれば、警察チームは“はさみうち”で誰を捕まえるのか、誰が牢屋を守るのか、と作戦や役割分担を考えそれを楽しめるようになればと思います。泥棒チームは、誰が“おとり”になって、誰が牢屋の仲間を助けるのか、そんなことを考えそれを楽しめるようになることです。ここでは、例えその作戦や役割分担がうまくいかなくても、初めて友だちと一緒に「意図」「見通し」「計画」を持った行動を経験することが大切です。

　さらに、自分たちの考えたゲームをより楽しく行うために、周囲の条件をどのように整えればよいのか、自分たちが考えたあそびや運動をより楽しみ、より多くの人にその楽し

さを知ってもらうためにどうすればよいのかを、保育者とともに考えられるような力も身につけてくれればと思います。卒園までにこのような力をつけて欲しいと考えています。

## 3. ともに意味を問い直す

・今の運動あそびのルールで、自分や友だちが楽しくそのあそびを行えているかどうかを考え、より楽しく行えるように保育者とともに考え、変えることができる。

　例えば、一度以前に自分たちで作った、あるいは前の年に卒園した年長児が作ったルールであっても、それが今の自分たちが遊ぶのに、一番適しているとは限りません。今の自分たちのクラスの人数や場所、道具などの条件から考え、保育者とともにより楽しいものに変えていけるような力も身につけてほしいと思います。子どもたちが、前に遊んだ時より楽しく遊べていないような場合、保育者は子どもたちと一緒に、前とどこが違うのか考えてみることも大切です。以前にルールを作った時と比べ人数はどう違うのか、一緒に遊ぶ子どもの年齢はどう違うのか、遊ぶ場所の広さはどう違うのかなどの点に、保育者の問い掛けによって気づいていく力も大切でしょう。様々な条件を考えた上で、新たなルールを考え出せるような力も必要でしょう。

　また、年長児が卒園前ぐらいに、保育者の手を借りず自分たちだけで、年中児、年少児に対し運動あそびの指導を行うような活動もあればと思います。自分たちよりも年下の子どもたちに、どのあそびを伝えるのか、どのように伝えるのか、話し合う中で、遊んでい

る時には気づかなかったことに気づくことも
あるでしょう。しかしこれらのことは、就学
後の指導に委ねられる部分もあり、決して性
急であってはいけませんが、かつて子どもた
ちは自分たちであそびを伝承してきたのです
から、現代の子どもたちにもその可能性はあ
るはずです。

　幼児期においては、まず先述の1. にじっ
くり取り組むことが大切でしょう。その次に
2. があり、さらにその次に3. があると考
えられます。

## V．幼児期に獲得させたい3つの
　運動能力（姿勢制御や移動する
　運動能力の獲得を重点に）

　I－2. で述べたように、幼児期の「運動
あそびの学習や指導」では、まず「機能的な
遊び」をより豊かなものにすることが重要で
す。すなわち幼児期に発達が極めて旺盛な「感
覚運動機能」に働きかけることが必要です。
それは以下の1. に示す、自分自身の体の姿
勢を操作したり、体を移動させたりする運動
能力を獲得することがその中心的な内容にな
ると考えられます。そしてさらに、後述の2.
3. などの運動能力の獲得が必要となります。
ここでは、3つの運動能力についてそのポイ
ントを示しますが、その具体的なその運動能
力の獲得については、「第2章　運動あそび
の実践集」を参照して下さい。

### 1．姿勢を制御（操作）したり、移動したり
する運動能力の獲得

　この運動能力はさらに次に示す5つの運
動能力に分けて考えることができると思いま
す。日頃各園でも行われていることも多いと
思いますが、これらの様々な運動能力の獲得

を目指して欲しいと思います。

　①「歩く、走るなどの距離を移動する運動
能力」の獲得：歩く、早く歩く、ゆっくり走
る、短い距離を疾走する、集団で走る、カー
ブを走る、ジグザグに走る、長く走る（持久
走）などの運動能力。

　②「登る、降りる、跳び降りるなどの高さ
を移動する運動能力」の獲得：階段、斜面、
棒を登る降りる、滑り台を滑る、高い場所か
ら跳び降りるなどの運動能力。

　③「ぶら下がる、揺れる、振るなどの運動
能力」の獲得：ぶら下がり揺れる・降りるな
どの運動能力（②③は、鉄棒、うんてい、ジ
ャングルジム、ブランコ、すべり台、登り棒
などの大型固定遊具での遊びを通しても身に
つけることのできる運動能力）。

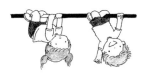

　④「回転、逆さ、平衡、手・腕で自分の体
重を支える、手・腕で支えた自分の体重を移
動するなどの運動能力（四つ這いでの動物歩

きなど）」の獲得：マット、鉄棒、跳び箱、平均台などのいわゆる器械運動などでの遊びを通して身につける運動能力。

⑤「固定した支点を持たない水中で姿勢を保つ、水面と水平に浮くなどの運動能力」の獲得：水中を歩いたり、浮いたり、潜ったりなどする水中あそびを通して身につける運動能力。

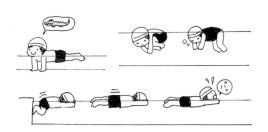

## 2. 物を操作したり、物や人の動きを予測・判断したりする運動能力

　例えば、ボールを投げる、受ける、蹴るなどの物（道具）を操作する運動能力です。そして、ボールあそびにおいて、飛んでくるボールの動きを見て、ボールを受ける運動能力。また、移動する相手の動きを予測して、その子にボールをパスする、あるいは当てるなどの運動能力。おにごっこにおいても同様に、自分がおになら逃げる相手の動きを予測して捕まえたり、自分が逃げる時は追って来るおにの動きを見ながら（予測しながら）逃げるなどの運動能力などです。ボールあそびやお

にごっこなどによって獲得できる運動能力です。

## 3. スピードやリズムをコントロールできる運動能力

　スピードを調節したり、リズムを変えたりして走る、跳ぶ運動能力です。短い距離、長い距離をリズムよく走る運動能力。障害物走（ハードルの代わりに段ボール箱やフープを等間隔に置いて走る）、ケンパ、かけ足なわ跳びなどのようにリズム良く走り跳ぶ運動能力。跳び箱や幅跳びの助走のようにスピードを調節しながら走り跳ぶ運動能力。なわ跳び（その場跳び）をリズム良く跳ぶ運動能力。また、音楽（リズム）に合わせて体を動かす運動能力（ダンスや音楽に合わせた体操）などです。

## 4.「がんばれ！」で子どもに届くもの、届かないもの

### (1)「がんばれ」が子どもを励まさない時

　運動指導の場面では、保育者はよく子どもたちに「がんばれ」と声をかけることがあります。この「がんばれ」という言葉は、私たち大人は子どもたちに何を届けているのでしょうか。学校体育研究同志会の『幼児体育の指導』には、「『がんばれー』は禁句」という1節があります[16]。ここでは、子どもたちが競争などをしている時、それを取り巻く親や保育者が「がんばってー」と叫ぶ姿をよく目にするし、この言葉が子どもたちを励ますものであることも理解できるとしています。しかしその上で次のように述べています。「このことばが表わしていることがらについて考えてみますと、この激励が何一つ具体的な、子どもたちがどうすればよりよい結果が得られるのかということについて、何の指示もしていないことに気づかざるをえないでしょう」。さらに、この「がんばれ」を保育者として使ってはいけないとは言わないが、やたら使ってよい言葉とも言えない、保育者なら保育者らしく、今子どもたちが何をなすべきか的確に指示することが大切であるとし、「たいせつなことを教えないでいて『がんばれー』と叫ぶのでは、何も教えていないのと同じこと」だとしています。

　「がんばれ」はとても使いやすい言葉で、私たちはついこの言葉を子どもたちに激励として投げかけます。しかしこの言葉は、子どもたちに届く時には、大人の思い以上に“激励”の漢字が示すように“激しく”響くこともあります。子どもたちは彼らなりに全力を尽くしているとすれば、この「がんばれ」は、彼らには『こんなに僕はがんばっているのに、この上いったいどうしろと言うの？』と子どもたちには響く場合もあるでしょう。そうなるとこの言葉は励ましではなく、子どもたちにとって“非難”や“責め”であり、「がんばれ」の言葉は『あなたが今やっていることはダメだ、もっと苦しめ！』という響きにもなる場合もあります。

### (2)「がんばれ」の具体的な中身は何か

　運動の指導において、私たちが子どもたちに「がんばれ」と言う時、本来何を子どもたちに伝えなければならないのでしょうか。「がんばれ」には、子どもたちにその運動がうまくできるようになって欲しいと言う願いが込められています。しかし、保育者がそのうまくなって欲しい運動の“ねらい（運動能力）”“それを獲得する指導の順序”“体やその運動の特性”“子どもの発達段階”等を十分に理解していない場合、「がんばれ」としか言えなくなってしまいます。

　高田は著書『耕せ耕せ、ぼくらのからだ』の中で、例えばマット運動において、人が姿勢を制御するには“人の身体の特性”として「頸反射」が重要な役割を果たしているとしています。そして、マット運動などにおいて「ぐにゃっとなる子どもの場合は、頸反射を意識的に使っていないのであって、決して腹筋力がないとか背筋力がよわいということだけにはならないのです。まして『もっとしっかりガンバッテ！』といわれてもどこをどう

しっかりすればいいのかわかりません。姿勢反射のしくみをきちんとつかまえて保育者は的確な『ことばかけ』をしなければなりません」[17] と述べています。

つまりマット運動等においても、しっかり姿勢を保とうとすれば、人間は頸（頭）（くび）の位置をどのようにするかが重要なポイントであり、そのことを踏まえた指導が必要であるとしています。子どもの発達段階も考えた上で、前転のような"回転系（体を小さく丸くする）"の技でうまく体を丸くして回れない子どもがいれば「あごを胸の方に近づけて、おへその方を見てごらん」というような言葉かけが必要になるでしょう。側転のような"転回系（体を大きくまっすぐ伸ばす）"の技でうまく体を伸ばせない子どもがいれば、「両手を上に大きく高く伸ばして、伸ばした手の先（爪）を見てごらん（このようにすると頸（頭）が上を向き、体が伸びるようになります）」というような言葉かけが必要にもなるでしょう。

私たちが子どもたちに運動を指導する時、「がんばれ」以外の言葉を使うにはどうすれば良いのでしょうか。まず、私たちは子どもたちにうまくなって欲しいし、さらにこんな子どもに育って欲しい、こんな力を獲得して欲しいと考えていますが、そのことに少しでも近づくためにどんな言葉が相応しいのか考えるべきでしょう。その際には、その運動の指導の順序、子どもの動きやその運動の特性、子どもたちの発達段階、子どもの個性等を考え、そして子どもたちが今何につまずき何が最も必要なのかを見極め、彼らに最もわかりやすい言葉でそれを伝えるということが必要になるでしょう。難しいですが、子どもに「がんばれ」と言いたくなった時、ちょっと待っ

て、その「がんばれ」の中身は何かを考え、これに代わる言葉を見つけて欲しいと思います。

## Ⅵ. 幼児期にしかできない大切な体験

### 1. グループでの学習のポイント（保育者が関わることと発達の順序に沿うこと）

幼児期においては、Ⅰ－2. で見たように年長クラスになれば単純にグループで「ルールのある遊び」ができると言う訳はありません。幼児は、保護者や保育者に見守られながら「ひとり遊び」を行ったり、他人の遊びを「傍観」したり、「何人かが集まった中でそれぞれがひとり遊び」を行ったりしつつ、徐々に協同して、組織的にルールのある遊びが行えるようになります。その時に大切なことは、それまでに幼児が獲得した「感覚運動機能」に働き掛け、それらを十分に使いつつ、「ごっこ遊び」のような要素を取り入れながら、グループで運動あそびを行っていくということでしょう。そして「ルールのある遊び」を行うには、既存の大人のルールを押しつけるのではなく、保育者が関わり子どもたちの意見を聞き、子ども同士が納得できる集団のルールや決まりを創って行うことも重要です。

### 2. 幼児期の運動あそびの重要な体験

（1）身体を動かす楽しさを知ることと、認められたり認めたりする体験をすること

高田はマット運動のおもしろさについて「回転、ジャンプ、バランスなどの運動による自分のからだの変化の感覚をたのしみ、それらを自分の力にみあった連続した動きにつないでいくことによって体感の変化をたのし

むことにポイントを置いていきたい（下線は高田）」[18] と述べています。Ｉ−２．で述べた「機能的な遊び」とも関わり、幼児期の子どもたちにとって重要なことは、まず子どもたちが自分自身の体を動かすことの楽しさを知ることです。自分の体を動かすことの楽しさを感じつつ、そこから徐々に他者の体の動きにも理解を広げることができればと考えます。（Ⅳ−１．参照）

　幼児期の子どもたちには、友だちと楽しく十分に体を動かし遊ぶことが、まず大切です。しかし、それだけでなく要点を押さえた系統的な（順序立てた）指導を行えば、どの子も全員がうまくなることができるという経験をしておくことも重要です。そしてその指導においては、子どもたちが、保育者に認めてもらったり、友だちを認めたり、友だちに認めてもらったりする経験が必要です。このような経験を通し、子どもたちは自分に自信を持つことができるようになります。

　城丸は「幼児にとって面白いこと」として「第一は、自発的・積極的行動であることであります。そしてこのことが、対人関係に現れたものとして、第二に、他のひととの間に好意的な交わりが発展することであります。同じく（第三に）、その子ども自身にかかわっては、知的・身体的機能を積極的に行使することであります」[19] と述べています。幼児期の子どもたちには、この３つのポイントを押さえた「面白い体験」を、たくさん味わって欲しいと思います。

**（2）自分たちで新しいルールや遊びを創る体験をすること**

　子どもたちと保育者が長い時間をかけて、おにごっこやボールあそびのルールを創り出す実践例もあります。ある幼稚園で、２つのグループが１つの"宝物"を奪い合う遊びが、ラグビーのような遊びに発展していった例もあります。最初は宝物を奪い合い、コートもルールもなく園庭の花壇の中も走り、滑り台の上に登ったりしていたものが、コートの線が引かれ、徐々にルールもできていきます。"宝物"の取り合いになった時は、最初はどちらが泣くまで取り合いを行っていたものが、「ジャンプボール」で決めるようになったりします。子どもたちが保育者と共に遊びやゲームのルールを創っていく様子は、サッカーやラグビーのルールができる歴史にも似ています。体の小さい幼児たちは、現代のスポーツで使用されているコートや道具の"サイズ"的に小さいものから、だんだん大きなコートや大きな重い道具を使うようになるわけではありません。自分たちで、保育者の協力も得ながら、みんなが面白く・楽しくできる遊びやゲームを少しずつ工夫し創り出していきます。そして、子どもたちは大人の考えないような自由な発想の遊びやゲームを考え出すこともできるのです。

　このように、幼児期の子どもたちは自分たち独自の面白さ・楽しさを追求しながら、新しい遊びを創り出すことができます。既成のスポーツの「本物・公式」ルールを押しつけるような学習は、この時期の子どもたちの持つ可能性・創造性を奪うことにもなります。「本物・公式」ルールのスポーツよりも、自分たちで創造した遊びを面白い・楽しいと感じることのできるのがこの幼児期です。大人はつい『本式のルールはこうだ！』と言いたがります。しかし、よく言われることですが、子どもは単純に大人の小型ではありません。このような、自分たちでルールや遊びを創る

ことのできる体験をこの時期にしっかりして欲しいものです。自分たちが遊びの主体者で、自分たちが面白く・楽しくなるようにルールは変えることができるものなのだということを、体験することは大変重要なことです。

## 3．大切な時期に大切な体験をするために（『外注』について配慮したいこと）

　近年、多くの園において、園外のスタッフ（会社）に運動・体育・スポーツの指導を任せる場合も多いように思います（ここではこのような園外のスタッフ（会社）に運動・体育・スポーツの指導を発注することを、以下『外注』とします）。多くの園では、子どもたちの体力・運動能力の低下を危惧し、『外注』もしながら運動指導の取り組みを行っています。吉田らは全国 109 園、12,000 人の幼児を対象に、運動指導と幼児の運動能力を調査し、次のように述べています。「これらの指導の実施頻度と運動能力との関係を見てみると、運動指導を多く行っている園ほど運動能力は低く、特別な指導を行っていない園の方が運動能力は高い」[20] という結果になったと報告しています。これだけを聞くと「えっ、逆じゃないの」と思いますが、そうではなかったようです。本来は運動指導を多く行っている園の方が、子どもたちの運動能力は高くなりそうですが、それとは逆の結果が報告されたのです。

　なぜこのような結果になったのでしょうか。吉田らは「運動指導を多く行っている園は、『運動』の時間を設け、学年やクラス単位で保育者以外の運動指導者による指導を行っている。この場合の指導内容は、前述した種目（体操、器械運動、体育・運動遊びや特定のスポーツ活動など）が中心で、画一的、

一律の指導が行われている。また、一斉での指導になるため、説明や順序待ちに時間が費やされ、結果として個々の活動や運動量が非常に少なくなる。つまり、運動の時間であっても、子どもはほとんど活動していないことになる。これに対し、特別な運動指導をしていない園は、子どもの興味に応じ個々が活動を選択し、それに夢中になって取り組む。（中略）このことが結果的に運動能力を高めている」[20] と述べています。

　もちろん『外注』することで、全ての子どもの運動能力が低下するわけではありません。園外のスタッフが来ない時も、保育者が『外注』での運動指導を参考に（それに学びながら）、自分のクラスの子どもたちの指導をより充実させている場合もあります。また園外スタッフの指導中に、保育者が運動指導のサポートに入り、一緒に指導する場合もあります。そのような場合、保育者は日頃の保育では見られない自分のクラスの子どもたちの様子を客観的に見ることができ、子どもたちの別の面に気づいたりします。それはさらに運動指導以外の日常の保育でも参考にもなります。そして、園外のスタッフとクラスの子どもの様子を交流しながら、クラスの子どもたちにより良い運動指導を行っている場合もあります。

　『外注』により子どもの運動指導を、園外のスタッフに、むやみに全てを任せてしまうことは避けたいものです。しかし、先のように園外のスタッフとともに、子どもたちの状況や園の様子を交流しながら指導することには多くのメリットもあると思います。この本では一貫して述べていますが、運動あそびを通して子どもたちに何を獲得して欲しいのか、どんな子どもに育って欲しいのか、しっ

かり「ねらい」を持って子どもたちの指導にあたって欲しいと考えています。園外のスタッフとも、さらにこのような園側の「ねらい」も共有し、子どもたちの運動指導にあたって欲しいと思います。そのようなことが、子どもたちの大切な時期に、大切な体験をさせてあげることに繋がると考えます。

【引用・参考文献及び注】
1）神澤良輔（1981）「第7章　幼児と遊び」坂元彦太郎編『保育の探求』フレーベル館、pp.142-175
2）山本秀人（1996）「体育・運動をめぐる発達―幼児期の認識発達を考える―」『たのしい体育・スポーツ9月号』pp.8-13
3）中村和彦他（2011）「観察的評価による幼児の基本的動作様式の発達」『発育発達研究、第51号』注）基本的動作とは「疾走、跳躍、投球、捕球、まりつき、前転、平均台移動」。中村らは幼児期の運動発達を捉える評価方法として、①運動能力テストによって量的に評価する方法、②運動課題の達成数をとらえてその達成度を評価する方法、③動作様式の質的な変容過程を観察的に評価する方法、の3種があるとしている。
4）スポーツ庁（2000～2019）「体力・運動能力調査の概要、体力・運動能力の年次推移の傾向、青少年（6～19歳）」
5）スポーツ庁（2019）『令和元年度全国体力・運動能力、運動習慣等調査報告書』p.10（第1章調査結果の概要、Ⅰ児童生徒に対する調査、1実技に関する調査、1-1実技結果と経年変化（国・公・私立学校）、URLは下記　https://www.mext.go.jp/sports/content/20191225-spt_sseisaku02-000003330_4.pdf
6）文部科学省（2012）「幼児期運動指針」
7）文部科学省（2012）『幼児期運動指針ガイドブック』p.9
8）スポーツ庁（2016）「スポーツ審議会スポーツ基本計画部会（第8回）」配付資料、資料3、第3章今後5年間に総合的かつ計画的に取り組むべき施策（案）（1）スポーツ参画人口の拡大、2.学校体育をはじめ子供のスポーツ機会の充実による運動習慣の確保と体力の向上［具体的施策］
9）口野隆史（2016）「保育所、幼稚園における『幼児期運動指針』の活用状況について―保育者への調査を通した課題の検討―」日本体育学会第67回大会発表資料
10）「健康スポーツ部会（第5回）」での主な御意見【スポーツ実施率向上のための行動計画（案）に対する意見】（2018）
11）岸本みさ子（2017）「保育現場における体力の捉え方―S市立幼稚園・保育園の調査による探索的研究―」『大阪総合保育大学紀要、第12号』pp.145-156
　　注）岸本は「幼児期運動指針の活用の有無」について「幼稚園・保育園ともに、活用していると回答した保育者は非常に少なく、幼稚園5件（31.3％）、保育園8件（15.4％）であった。また、活用していないと答えた保育者は、幼稚園10件（62.5％）、保育園44件（84.6％）であった」としている。
12）文部科学省（2017）「幼稚園教育要領」
13）汐見稔幸監修（2019）『幼児期の終わりまでに育ってほしい姿 ～今、幼児教育が変わろうとしている～』（NHKすくすく子育て、2019年3月2日 放送）https://www.nhk.or.jp/sukusuku/p2018/767.html
14）丸山真司（2016）「『体育は何を教える教科か』を問い直す」『日本教科教育学会誌、第38巻第4号』pp.111-116
15）口野隆史（2003）「第1章　体育教育の大綱的試案　第1節　就学前体育」、学校体育研究同志会教育課程自主編成プロジェクト『教師と子どもが創る体育・健康教育の教育課程試案　第1巻』創文企画、pp.10-30
16）学校体育研究同志会編（1974）『幼児体育の指導』ベースボール・マガジン社、pp.30-33
17）高田敏幸（1982）『耕せ耕せ、ぼくらのからだ―ダンプ園長と子どもたち―』青木書店、p.177
18）17）の前掲書、p.167
19）城丸章夫（1981）『幼児のあそびと仕事』草土文化、pp.17-18
20）吉田伊津美（2010）「動きのよい子を育てる指導の『落とし穴』」『体育科教育、第58巻第7号』pp.18-21
　　注）次の資料も参照下さい。杉原隆（2008）「運動発達を阻害する運動指導」『幼児の教育（第107巻第2号）』日本幼稚園協会、pp.16-22

# 第2章

## 運動あそびの実践集

# 1 マット・とび箱あそび

## Ⅰ．教材について

### 1．マット・とび箱あそびのおもしろさとは

今、保育・教育に携わっている方々は、小学校から高校、または大学でも器械運動の授業があり、そこでマット運動やとび箱の指導を受けてきたと思います。そこに良い思い出やうまくできた経験がある人もいると思いますが、そうでない人も多いのではないでしょうか。他人の目を気にしてしまったり、できた、できないでの評価、何をどうしたら良いのかわからないまま過ぎ去ってしまったという人もいるでしょうか。

そんな経験を持ちながら、いざ保育者になり子どもたちを眼の前にし、マット・とび箱あそびの指導をするにあたり、とりあえず前転や開脚とびをやってみる、できる子はどんどんできていくができない子はやりたくないと言う。そんな現実を目の当たりにし、どの子も楽しくマット・とび箱あそびに取り組んでほしいと思いつつ、「できた」、「できない」での評価を子どもたちに下し、何をどうしたら良いのかわからないまま過ぎ去ってしまった…、なんてことはないでしょうか。

では、幼児期のマット・とび箱あそびのおもしろさとはどこにあるのでしょうか。私たちは、マット・とび箱あそびを通して、どのような力を子どもたちに育てればいいのでしょうか。

それは、自分の体を使って表現するおもしろさを自ら感じて求めていく力を育てていくことにあるのではないかと考えます。その根拠は、マット・とび箱あそびは、子ども自身ができるようになるおもしろさを感じ、できたからこそわかる自分の体の変化や、どうすればきるようになるかがわかるおもしろさが感じられる教材だと思うからです。加えて、単に人と比べて「できた」「できない」ではなく、少し前の自分よりもできている、うまくなっていることがうれしい、あの子みたいにできるようになりたいと憧れを持ち、どうしたらできるようになるかを自分でもわかるからこそ、あきらめずに挑戦し続けることができる教材だと思うからです。

私たちは、上記を踏まえてマット・とび箱あそびを実践する際、その最適な技の１つとして側方倒立回転（以下「側転」）を提案しています。

### 2．なぜ側転なのか

側転は一見難しい様に見えますが、あそびを通して感覚をつくっていきながら、自分の体を使って表現していくことが楽しめる技の１つです。

マットあそびにはたくさんの技がありますが、その中でも側転は以下の特徴があります。
①回転した時に自分の体が逆さになった感覚が大きな空間の中で捉えられるのでわかりやすい。
②自分の体を支える支点が腕だけで、なおかつ自分で見える位置につくのでわかりやすい。
③頭と腰の位置の変化がわかりやすい。

また、回転感覚や逆さ感覚、両腕に少しずつ体を乗せていく感覚（腕支持感覚）等、側転に必要な体の感覚を繰り返し楽しくあそびの中でつくっていくことができます。そして、側転ができるようになるまでのプロセスにはできるようになった喜びを感じるだけではなく、自分の体がどうなったからできたのかがわかっていくおもしろさ、わかったことを友だちに伝え合うことのおもしろさ、側転からの発展技等でもっとおもしろくなりたいという思いを追求していくことのおもしろさが含まれていると考えます。

側転は、子どもたちが自分の体を使って自分のしていることがおもしろいと自覚でき、その自覚したことを友だち同士で伝え合い教え合える技と言えます。1人で側転をするだけでなく、友だちと関わり合いマットの上で側転を繰り返し行い遊び込んでいく中で、友だちの側転を見る様になります。そうして、友だちの側転を見ることにより、「こうすればできる」と側転を教え合っていくことができるようになります。そして、そのプロセスの中で、できるようになっていく友だちのことがわかり、同時に自分のこともわかるようになります。つまり、「こうしたから、こうできた」と自分の体を確かめながらコントロールすることができるようになるのです。側転ができるようになる楽しさだけではなく、教え合う中で友だちとの関係をマットあそびでもつくっていくことができるのです。側転を中心としたマットあそびにおける教材の持つ大きな価値の1つだと言えます。

また、子どもたちは乳児期からその場でジャンプをしたり、小さな段差から跳び下りることを好みます。それは自分の体が一瞬空中にフワッと"浮く"ことが心地よいからです。

その体が浮くという感覚が側転にはあり、子どもたちはその感覚にもおもしろさを感じます。側転はその点においても、子どもたちにとって、魅力的な技と言えるのです。

## II. マット・とび箱あそびの進め方と指導上の留意点

### 1. マット・とび箱あそびから運動文化へ

側転ができるようになるまでのプロセスの中で、子どもたちは様々にマットやとび箱を道具として使い、体の感覚を磨いていきます。そして、逆さ感覚や回転感覚等を身につけた子どもたちは、側転だけではなく、その他の技もできるようになっていきます。さらに、側転を中心に「自分で考えた技」をつないで表現するおもしろさにたどり着きます。

マット・とび箱あそびのおもしろさは、やがて床運動のおもしろさにつながっていってほしいと考えます。床運動のおもしろさは自分で技をつないでいくところにあります。側転は1つの技であり、とび上がったり回転したりしながら「自分で考えた技」をつないで表現するおもしろさを子どもたちには感じてほしいと思います。「自分で考える」ということはあそびへの意欲を高めます。「できた」「できない」ではなく、子どもたちが自由に創造し、アレンジしながら発展させていく点も大切にしていきたいものです。

おもしろさを感じ「遊び込んでいく」ことを通して側転等の技の動きが洗練されていきます。この時に「危ないからだめ」等とやりたい気持ちを制限すれば、安全管理という大人の理由で子どもの体の育ちの芽を摘んでしまいます。もちろん、安全には十分に配慮した上で、子どもたちが安心して思いっきり遊

び込んでいけるように時間や場を保障することが大切です。

また、指導する上で、つい応援したい一心で言ってしまいがちな「がんばりなさい」は禁句です。「がんばりなさい」と言うだけでは、どこをどうすればいいのか、子どもたちには伝わらないからです。うまくいかない原因は何なのかを考え、どう体を使えばよいか具体的にわかりやすい言葉で伝えることが大切です。具体的に伝えていくことや工夫して伝えることで「わかった」「少しうまくできた」という子どもの前向きな変化から、意欲や大人との信頼関係につながっていきます。

実践していく中で「うまくできない」と感じる子どもがいると思います。できる友だちとできない自分とを比べてしまう子どももいるかもしれません。現時点の自分の姿を感じながらも、自分よりうまくできている友だちの姿を見て "憧れ" をもっていく事もとても大切だと思います。今の自分よりも「もっとうまくなりたい」という "憧れ" をもちながら、大人や友だちとのやり取りの中で、少しうまくなったことに喜び合える関係をつくっていくことも大切になります。

## 2. 側転ができるとは〜側転の持つ動き（技術構造）〜

「側転ができる」ということをどう捉えるのかということについて、以下の4点に整理しました。

㋐腕で体を支える。㋑腰が頭より上がる。㋒（一連の動きに）リズムがでる。㋓足の裏で着地をする。つまり、この4点ができていれば、ひざが多少曲がっていようが側転ができたと捉えるということです。

そして、側転ができる・わかるようになる

ためには、以下の4つの動き（感覚）が重要となります。

①逆さ感覚（以下、逆さ）

「逆さ」とは、おしり・腰が頭より高い位置にある状態。高ばい・滑り台の逆さ滑り等。
※この逆さの状態が怖いと感じる子もいるので、乳児期からあそびの中で自然に繰り返し楽しむことが大切。

②回転感覚（以下、回転）

マットの上で転がる・立って回る・首を振って歩く等。
※回転も乳児期から繰り返し楽しむことが大切。

③腕支持感覚（以下、腕支持）

マットに手を着き、腕を伸ばし、腕で体を支える（乗せる）。

しっかりと腰をあげた高ばい・緩やかな傾斜での高ばい等。
※逆さ感覚ともつなげながら、その姿勢を用いなければならない状況をあそびの中でつくっていく工夫が大切。

④（一連の動きの）リズム

足を踏み出す（踏み切り）、手を着く、着地する等、体の動きが一連の動作になっていくことで、一定のリズムが生まれる。

## 3. 発展技を含む側転が「できる・わかる」までのあそびの流れ

※◎：ポイント、意識する点

①動物歩き・首振り歩き

側転に必要な様々な感覚（回転、逆さ、腕支持）を養うあそびを友だちとたくさん楽しむ。
◎動物歩き等は手をしっかり開く。（基底面積を大きく取り安定させるため）
◎手をしっかりと着く。手を着くときに「べ

ッタリ　ベッタリ」等の言葉にすることで体
をコントロールしやすくなる。

②「トン、プッ、ピョン」
・トン＝両手を着く。
◎着いた手を見る。

・プッ＝腰（尻）を頭より上げる。
　「プッ」は自分の腰の位置が頭より高い位
置にある感覚をつかむために大事なポイント
となる。

◎腕をしっかり伸ばす。
・ピョン＝両手を着いて、両足で上に跳ぶ。
◎着いた手を見ながら跳ぶ。手を見ずに顎を
引くと前に回ってしまうことがあるので気を
つけることが必要。

　腕で体を支えながら逆さになる感覚を掴ん
でいく。

③「トン、ピョン」
　しゃがまずに手を着き、腰は頭より高い位
置にある状態で跳ぶ。

④「トン、ピョーン、パン（足打ち）」
◎足の裏を合わせる。

　足打ちが２回、３回と連続でできるように
なると、腕に体が乗り、逆さになる感覚をさ
らに掴んでいく。

⑤「トン、ピョン」移動
　「トン、ピョン」のリズムでトンの両手を
横向きにして体を前方に移動し着地する。

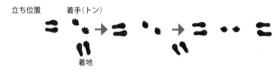

⑥台から「トン、ピョン」
　とび箱等、高さのある台の上から、手を着
いて「トン、ピョン」のリズムで台の横に下
りる。（p.34 ⑧参考）
　慣れてきたら、台の前に後ろ向きで下りる。
（ロンダートの着地）
※高さがある分、宙で「フワッ」と浮く感覚
を感じられる。

⑦「トントトントン」側転
　マット上で「トントトントン」のリズムで
側転をする。
　トン（踏み切り足）トトン（手手）トン（両
足着地）
　もしくはトン（踏み切り足）トトン（手手）
トントン（足足）のリズムで着手・着地をリ
ズミカルに行う。
※リズムを口で言うことで動きがわかりやす
くなる。

踏み切り足　　　　着手　　　　　着地足

⑧側転

　両手と踏み切り足を振り上げてから、着手の動作に入り、大きな回転につなげていく。
◎手は頭上まで上げずに、目線の高さまで上げ（進行方向に手を伸ばす）、手を見るようにする。（これは、動作の中で見る視点を明確にするため。）

◎着手の時も手を見る。（手一点を見ながら回転する。）

⑨発展技

　ホップ側転、ロンダート、片手側転、台上側転等の技をつなげて連続技で表現していく。（※詳しくは、Ⅳ．3．⑤⑥⑦を参照）

〈ロンダートについて〉

　ロンダートでの着地はその後の技につなげていく着地なので、早い段階で丁寧に伝えていく。側転中に足打ちをして両足を揃えての着地にしていく。

**4.　よりおもしろい側転にしていくために**

　上記の 3．①〜④までは、比較的どの子もおもしろがって取り組めます。⑤〜⑦はつまずく子も出てくるので、そんな時に以下の事を取り入れてみると、側転が「できる」「わかる」につながりやすく、より側転がおもしろくなります。

・ 手は踏み切り足の前の一直線上に着くことで腕に体が乗り支えやすくなります。
・ ゴムを使い高い位置で足を引っかける意識を持つことで腰がさらに上がったり、足が伸びていきます。

・ 着手と着地の位置がわかるように "手型足型" を使います。※自分の手や足を段ボール等で型取りをして踏み切り足、両手、着地の両足分を作ります。

　側転をする際、着手と着地の位置がわかるように、実際に着手した場所に手型を、着地した場所に足型を置きます。着手と着地が一直線上になるようにしていきます。どうしたらもっと直線に近づき、きれいな側転になるかを見て話し合いましょう。側転のようにわずかな時間で終わってしまう技はたくさんのことを見ていくのは大変です。誰がどこを見て置くのかを明確にして意識して見ていくことでわかりやすくなります。幼児にとって手型足型を使うのは難しいこともあるかもしれません。はじめは踏み切り足だけ、着く手だけから始めてもよいかもしれませんし、大人も一緒に置いたり話し合いに入ることで、子どもたちからの意見や気づきも出てきます。

## Ⅲ．マット・とび箱あそびのねらい

〈できる〉

・ 回転することや逆さになること、両腕で体を支えることができ、自由に自分の体を動かすことができる。

・ 側転やとび箱を使っての台上側転、技をつなぐ等に発展していくことができる。

〈わかる〉

・ マットやとび箱を使い回転する感覚に慣れ、自分の体の動き、動かし方がわかる。

・ 腕で体を支え逆さまになった時、頭より腰が高くなっていることがわかる。

・ 逆さの状態で肘を曲げずに腕を伸ばすことで、腕で自分の体を支えていることがわかる。

〈学び合う〉

・ わかったことを伝え合うことで、技ができていく過程を確かめ合ったり、できるようになったことを喜び合い、発展させながら表現することのおもしろさを共に感じていく。

## Ⅳ．年齢別のねらいとあそびの内容

＊年齢区分はあくまでも目安です。

|  | 3歳児のマット・とび箱あそび | 4歳児のマット・とび箱あそび | 5歳児のマット・とび箱あそび |
|---|---|---|---|
| ね ら い | ・ 転がる、はう等のいろいろなあそびや体の動きを楽しむ。<br>・ 前転、後転、横転等、いろいろな回転を大人と一緒に楽しむ。 | ・ 友だちと一緒にタイミングを合わせたりしながら、楽しんで体を使って遊ぶ。<br>・ 逆さ感覚、回転感覚、腕支持感覚を身につけながら、自分の体をコントロールすることができる。<br>・ 前転、後転、横転等が自分や友だちとできるようになる。 | ・ 友だちと伝え合いながら自分の体の動かし方を工夫したり、できるようになったことを喜び合う。<br>・ 側転からホップ側転、ロンダート、とび箱を使った台上ホップ側転等の大きな回転技へつなげていく。 |
| あ そ び の 内 容 | ①動物の真似歩き<br>　いろいろな動きをしてあそぶ。<br>②首振り、首回し歩き<br>　歩きながら首を左右、上下に回しながら前方の一点を見て歩く。<br>③抱っこ前まわり・後まわり（回転）<br>　大人と前まわり、後まわりをする。<br>④抱っこ横転（回転）<br>　大人と抱き合ってマットの上を横転する。 | ①首振り、首回し歩き<br>　ドンジャンケンをする。<br>②四つんばい、高ばい（くまさん）歩き<br>　高ばいは腰が頭より高くなるようにし、ドンジャンケンで友だちと遊ぶ。<br>　四点で体を支えていた状態から、三点で支えながらジャンケンをする。<br>③横転あそび<br>　抱き合ったり、手をつなぎマット上でエンピツまわりをする。まわるタイミングを合わせていく。 | ①ヘリコプター<br>　手を広げてまわりながら一直線上を歩く。歩くときは前方の一点を見る。<br>　ドンジャンケンで遊ぶ。<br>②へったれ虫<br>　高ばいで歩きながら、途中同じ方向の手足を後方に伸ばし、二点で支える。<br>③人間ローラー<br>　数人の子が同じ方向に横になり体をくっつけて、その上に一人だけ手を伸ばして乗る。下の子がローラーになり、上の子が進む。 |

| あそびの内容 | ⑤逆さあそび（逆さ）<br>　滑り台や段差を腹ばいになり、頭から滑ったり下りたりする。<br>⑥とび箱ジャンプ<br>　とび箱の上から着地位置をねらって跳ぶ。 | ④手押し車<br>　友だちに足を持ってもらい、手を使って前に進む。ドンジャンケンにすると、手だけで体を支える。<br>⑤スロープあそび（回転）<br>　マットととび箱でスロープを作り前転、後転、横転をする。<br>⑥とび箱くぐり・渡り<br>　とび箱をくぐったり渡ったりして遊ぶ。<br>⑦川とび、山越え<br>　マットやとび箱、平均台に手を着いてとび越す。<br>⑧台上からの跳び下り（とび箱トンピョン）<br>　とび箱等の上に乗り、台に手を着いて横、前方に後ろ向きで跳び下りる。 | ④走りこみ台ジャンプ<br>　走りこんで台からジャンプし、空中で的を叩いたり大人が投げるタオルを空中でキャッチする。<br>⑤側転<br>⑥マットを使った発展技〜ホップ側転、ロンダート〜<br>⑦跳び箱を使った発展技〜ロンダート、片手側転、台上ホップ側転前ひねり〜<br>⑧連続技づくり |
| --- | --- | --- | --- |

## 1.　3歳児のマット・とび箱あそび

### （1）ねらい

・転がる、はう等のいろいろなあそびや体の
　動きを楽しむ。

・前転、後転、横転等、いろいろな回転を大
　人と一緒に楽しむ。

### （2）あそびの内容

※以下（　）内に示した逆さ、回転腕支持等
は、あそびの中で養われる感覚です。

①動物の真似歩き（逆さ）

　いろいろな動物になりきって歩く。

②首振り、首回し歩き（回転）

　歩きながら首を左右、上下、回しながら歩く。

　前方の一点を見て歩く。

③抱っこ前まわり・後まわり（回転）

　大人と一緒に前まわり、後まわりをする。

④抱っこ横転

　手をつないだり、抱き合ってマットの上を
横転する。

⑤逆さあそび（逆さ）

　滑り台や段差を腹ばいになり、頭から滑ったり下りたりする。

⑥とび箱ジャンプ

　とび箱の上から着地位置をねらって跳ぶ。

**2.　4歳児のマット・とび箱あそび**

（1）ねらい

・友だちと一緒にタイミングを合わせたりしながら、楽しんで体を使って遊ぶ。

・逆さ感覚、回転感覚、腕支持感覚を身につけながら、自分の体をコントロールしていく。

・前転、後転、横転等が自分や友だちとでできるようになる。

（2）あそびの内容

①首振り、首回し歩き（回転）

　首振り・首回しをしながら歩いてドンジャンケンをする。

②四つんばい、高ばい（くまさん）歩き（逆さ、腕支持）

　高ばいは頭が腰より下になるようにする。ドンジャンケンで友だちと遊ぶことによって、四点（両手両足）で体を支えていた状態から、三点（片手両足）で支えることになる。

③横転あそび（回転）

　抱き合ったり、手をつないでエンピツまわり（横転）をする。まわるタイミングを合わせていく。

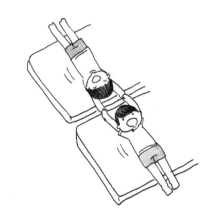

④手押し車（逆さ・腕支持）

　友だちに足を持ってもらい手を使って前に進む。ドンジャンケンにすると、片手だけで体を支える。

⑤スロープあそび（回転）

　マットととび箱でスロープを作り、前転、後転、横転をする。

⑥とび箱くぐり・渡り

　とび箱をくぐったり渡ったりして遊ぶ。

⑦川とび・山越え（横とび越し）（逆さ・腕支持・リズム・浮く感覚）

　マットやとび箱、平均台に手を着いて横とび越しをする。

⑧台上からの跳び下り（とび箱トンピョン）（腕支持・浮く感覚）

　とび箱等の上に乗り、台に手を着いて横、前方に後ろ向きで跳び下りる。

## 3.　5歳児のマット・とび箱あそび

### （1）ねらい

・友だちと伝え合いながら自分の体の動かし方を工夫したり、できるようになったことを喜び合う。

・側転からホップ側転、ロンダート、とび箱を使った台上側転等の大きな回転技へつなげていく。

### （2）あそびの内容

①ヘリコプター（回転）

　手を広げてまわりながら一直線上を歩く。歩くときは前方の一点を見る。

　ドンジャンケンで遊ぶ。

②へったれ虫（腕支持・逆さ）

　「♪へったれむしがあるいてきたぞピッピ！」

　高ばい（くまさん歩き）で前進しながら「ピッピ」で右手右足での二点で支える。慣れてきたら右手右足、左手左足と同時に出す（なんば歩き）「ピッピ」で右手右足で体を支え、左手・左足を後方に伸ばす。逆になってもよい。四点（両手両足）で体を支えていた状態から、二点（右手右足もしくは左手左足）で支えながら進む。

③人間ローラー（回転）

　数人の子が同じ方向に横になり体をくっつけて、その上に手を伸ばして乗る。下の子がローラーになり、上の子を運ぶ。

④走り込み台ジャンプ

　走り込んで台からジャンプし、空中で的を叩いたり大人が投げるタオルを空中でキャッチする。

⑤側転

⑥マットを使った発展技〜ホップ側転、ロンダート〜

ホップ側転

ロンダート

⑦跳び箱を使った発展技〜ロンダート、片手側転、台上ホップ側転前ひねり〜

ロンダート

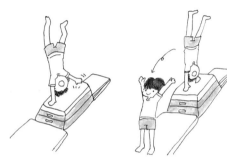

片手側転　　　　　台上ホップ側転前ひねり

＊手でとび箱を突き放していくことでさらに体が宙に浮く感覚がわかりやすくなる。

⑧連続技づくり

　マットやとび箱を使った様々な技をつなげて、連続技をつくっていく。例えば、とび箱を使った台上ホップ側転前ひねりから前転につなげる等の連続技に発展させていく。

**2** 固定遊具あそび

## Ⅰ．教材について

### 1．固定遊具あそびで育つ力

　子どもは高いところに登ったり、跳び降りたりすることが大好きです。大人から見ると、少し危ないと思うことが、子どもにとっては、スリルのある楽しさになっていることがあります。このような子どもに、危ないからやらせないのではなく、子どもの発達要求であると捉え、また、危険を予測したり、安全に遊ぶ方法を学ぶチャンスでもあることから、存分に経験させることが重要となります。これらを学ぶ教材として、固定遊具あそびがあります。

　固定遊具には、ジャングルジムや登り棒、雲梯（以下、「うんてい」）、すべり台、ブランコ、鉄棒、またこれらの遊具を複合した総合遊具（「複合遊具」「コンビネーション遊具」等と呼ばれる）等があり、鉄製や木製、軽くて収納しやすい持ち運びが便利なもの、子どもが識別しやすい原色を使ったもの等、形や素材、色も様々なものが存在します。園によっては、園庭が狭いことにより設置することができなかったり、子どもの自由な発想で遊ぶことができるように、あえて固定遊具を置かない園も存在します。また、安全上の理由から、固定遊具が撤去されたり、使用を禁止したり制限する等の状況もあります。しかしながら、固定遊具は、登る・くぐる・ぶら下がる・すべる・とぶ等、基本的な動作をあそびの中で獲得することができ、さらに、回る・

逆さになる・バランスをとる等の様々な運動感覚（回転感覚・逆さ感覚・バランス感覚等）を身につけることができます。これらの力は、器械運動の土台となるものであり、乳幼児期の重要な運動課題と言えるでしょう。自ら安全に積極的に関わり、固定遊具あそびをわがものにする子どもに育てたいものです。固定遊具あそびにはそれぞれの面白さがある半面、怖さを感じる子どももいるので、自然に親しみを感じられるようにする等の配慮が必要です。また、ルールのあるあそびでは、子どもの動きが激しくなるため、ケガが起こらないように、安全に遊ぶためにはどうすればよいのかを子どもたちが考えることも大切なことでしょう。

### 2．ジャングルジム

　ジャングルジムは、登ったり、くぐったり、ぶら下がったりして遊ぶ代表的な固定遊具です。様々な運動感覚（逆さ感覚・回転感覚・腕支持感覚・バランス感覚等）や空間認識等を育てることができることから、マット運動や鉄棒運動、跳び箱運動の土台となる力をつけることができ、乳幼児期からぜひとも親しみを持たせたい遊具の１つです。子どもたちが積極的に働きかけ自由自在に体をコントロールし、様々なあそびを広げていくことができるように指導を工夫することが大切です。

### 3．ブランコ

　ブランコは、体を振ってブランコに揺れを起こし、フワッと体が浮くような感覚を味わ

うことができる遊具です。また振りを大きくしていくと高さやスピードによるスリルを味わうことができる魅力溢れる遊具です。ブランコの鎖をしっかりと握り、バランスをとりながら重心を移動させ、調子よくリズムとタイミングをとり、体をうまくコントロールする力が要求されます。マット運動や鉄棒運動等では、このような重心移動を中心とする力が重要な要素となることから、それらの土台となる力をブランコで育てることができるということもおさえておきましょう。

### 4. すべり台

すべり台は、登ったり滑ったりする中で、手足の協応やスピード感覚、バランス感覚等を身につけ、登る、座る、滑る等の基礎的な動作を獲得することができます。高いところへ登りたいという欲求を満たし、登ったときの達成感を味わうことができ、さらに高さやスピード等のスリルを味わうことができるので、子どもにとってもはとても魅力的な遊具の１つです。すべり台の大きさや形状によっては、複数の人数で一斉に滑ることができるので友だちと一緒に滑る楽しさを味わうことができます。すべり台による事故も多いため、順番や使い方のルール等、安全に遊ぶ方法を考えさせることも大切でしょう。

### 5. 登り棒

登り棒は、跳び乗ったり、登ったり、渡ったり、滑り下りたりする中で、バランス感覚や手と足をうまく協応させる力、自分の体を巧みにコントロールする力等を育むことができる遊具です。両腕で体をグッと引き上げ、足の裏（もしくは甲）をうまく使って棒をはさみながら力を込め、手と足をうまく協応さ

せる力が要求されます。腕で体を支える感覚やバランス感覚はマット運動や鉄棒運動において重要な要素となります。指導する際は、登ることだけを求めたり、登る高さを要求するのではなく、登り棒に主体的に関わり様々なあそびが展開されよう工夫することを大切にしましょう。

### 6. うんてい

うんていは、ぶら下がったり、うんていの上を手や足をうまく使って渡ったりする等のあそびが挙げられます。また、ぶら下がった状態から、体幹を中心とした筋肉を使って体を振り（あふり）、振り子の原理をうまく利用して、タイミングよく前に移動しながら棒を渡っていく技は、鉄棒運動やマット運動に発展する感覚が含まれており十分に経験させたいものです。

### 7. 鉄棒

鉄棒は、ぶら下がったり跳び乗ったり、クルッと回転したりする中で、腕で体を支えたり（腕支持）、逆さになったり、回転する等の感覚を身につけ、空間での位置感覚がわかり、姿勢をコントロール（姿勢制御）することができるようになっていきます。これらの感覚を幼児期にこそぜひ十分に経験しておくことが重要となります。

## II. 固定遊具あそびの進め方と指導上の留意点

### 1. 子どもが楽しめる指導とは

たとえば、登り棒は高さを求めててっぺんを目指すだけの指導や、鉄棒は「逆上がり」さえできればよい、というように、発展性に

欠ける恐怖心との戦いのみの指導や、単一技のみの指導は、子どもが「やりたくない」原因になってしまうことがあります。それは、子どもの要求と保育者が求める課題が合っていないことによるものと考えられます。すなわち、「遊びが失われた指導」とも言えるでしょう。では、幼児期の子どもたちはどのような時に楽しいと感じているのでしょうか。それは日頃の遊んでいる様子をよく観察し、子どもたちが楽しそうに遊んでいる場面から探っていく必要があります。ここでは、子どもたちが楽しいと思う時はどのような時なのかを、鉄棒を例に挙げてみます。これは、鉄棒に限らず他の固定遊具に通じる内容であると考えられます。

①いろいろな技を発明した時
②スリルのある技や少し難しい技ができるようになった時
③いろいろな技を考案し組み合わせたり工夫した時
④友だちと同じ技を一緒に試してみたり、教え合ったりした時

このようにみると、鉄棒は「逆上がり」が最終の目標ではなく、常に発展性のある遊びになるように、保育者は固定的な見方から脱却し、自由でユーモアのある発想の転換が求められることになります。子どもたちが目を輝かせて、「せんせー、みてみてー！」と、様々な技をわがものにしていく子どもたちに育てていきたいものです。

## 2. リスクとハザードを区別する

保育所・幼稚園における固定遊具の事故の発生件数（独立行政法人日本スポーツ振興センター，平成24年）は、1位：すべり台、2位：うんてい、3位：鉄棒、4位：ジャングルジム、5位：ブランコとなっており、「落下」による事故が圧倒的に多いことがわかっています。

高いところや、少し危険な場所が大好きな子どもたちにとって、固定遊具は魅力的なあそびの遊具と言えますが、一方で、危険を伴うこともおさえておく必要があります。

「危険」には、（1）子どもにとってあそびの価値の1つであり、事故の回避能力を育む危険性あるいは子どもが判断可能な危険性である「リスク」と、（2）事故につながる危険性あるいは子どもが判断不可能な危険性である「ハザード」があります。すなわち、子どもが「ちょっと危ない」けれども、挑戦してみたいあそび（予測可能なあそび）の価値の1つであるリスクは大切にしながら、固定遊具の破損等、予測できない危険であるハザードは排除する、というようにリスクとハザードを区別して子どもたちが安全に遊ぶことができるようにすることが重要になります。安全を気にして、過度な援助をすることは、かえって子どもに危険を予測したり回避する機会を奪い、結果として怪我が多くなることも考えられます。子ども自身が危険がないように、「そ〜っと」、「ゆっくり」、「慎重に」遊ぶ体験こそが、安全に遊ぶ力を育てることにつながるのではないでしょうか。

また、固定遊具の破損による事故が発生しないように十分注意する必要があります。

## III. 固定遊具あそびのねらい

〈できる〉

・固定遊具を使って自由に体を動かし、遊ぶことができる。
・固定遊具を使った様々な技を考案すること

ができる。また、それらを組み合わせた連続技ができる。

・登る、跳ぶ、滑る、こぐ、ぶら下がる、回る、逆さになる、振る、渡る等ができる。

〈わかる〉

・体を支える、逆さ、回転等の感覚がわかり、自分の体を自由自在にコントロールすることができる。

・空間における位置や重心を移動する感覚がわかる。

・危険が予測でき、どのようにすれば安全に楽しむことができるのかがわかる。

〈学び合う〉

・固定遊具を使って様々なあそびを工夫し友だちと一緒に楽しむことができる。

・交代する等のルールをつくったり順番を守ったりして、みんなで楽しむことができる。

・固定遊具を使った様々な技を発見し、競い合ったり教え合ったりすることができる。

## IV. 固定遊具別のねらいとあそびの内容

| | 1．ジャングルジムのあそび | 2．ブランコのあそび | 3．すべり台のあそび |
|---|---|---|---|
| ねらい | ・逆さの感覚、回転する感覚、腕で体を支える感覚、バランス感覚等を身につけることができる。<br>・登ったり下りたり横に移動する中で、手足の協応を身につけることができる。<br>・登る・下りる・くぐる・回る・逆さになる・渡る等の動きがわかる。<br>・友だちと一緒にジャングルジムを使ったあそびを楽しむことができる。 | ・揺れを起こすために重心を移動させ胸を前に出したり引っ込めたり、膝の曲げ伸ばしにより、ブランコの揺れをつくることができる。<br>・体を振る（スイングする）感覚がわかる。<br>・うまくこいでブランコを楽しむことができる。<br>・ブランコの揺れに身を任せてスピード感覚を味わったり、フワッと浮いたりする感覚を楽しむ。<br>・順番を決める、交代する等のきまりやルールをつくり、守って楽しむことができる。 | ・登ったり滑ったりする中で、手足の協応やスピード感覚、バランス感覚を身につけることができる。<br>・高さやスピード等のスリルを味わうことができる。<br>・友だちと一緒に滑って楽しむことができる。<br>・すべり技、登り技等を考え、すべり台を使ったあそびを発展させながら楽しむことができる。<br>・順番や使い方のルールについて、安全なあそび方を考え楽しむことができる。 |
| あそびの内容 | ①動物のまねっこあそび<br>　ジャングルジムを使って動物になりきるあそび。<br>②技の発明ごっこ<br>　ジャングルジム使った技を考案し、名前をつけるあそび。<br>③ルールのあるあそび<br>　ジャングルジムを使って、ジャンケンあそびをしたり、おにごっこをする等、ルールのあるあそび。 | ①座りこぎ<br>②おなかこぎ<br>③立ちこぎ<br>④２人乗り<br>⑤跳び降りあそび（さよならあんころもち）<br>⑥くつ飛ばし<br>　ブランコに乗りながらくつ飛ばし。 | ①すべり技の発明ごっこ<br>　単に座って滑るだけでなく、足を開いたり、体勢を変えて滑る技を考えたり技に名前をつけたりする。<br>②動物のまねっこ登り<br>　動物になりきってすべり台の下から上によじ登る。<br>③すべり台の忍者修行<br>　ロープを使って手足を協応させながら、うつ伏せや立って登る。<br>④すべり台おにごっこ<br>　すべり台を使っておにごっこをする。 |

| | ４．登り棒のあそび | ５．うんていのあそび | ６．鉄棒のあそび |
|---|---|---|---|
| ねらい | ・跳び乗ったり、登ったり、渡ったり、滑り下りたりする中で、バランスをとったり手と足をうまく協応させる等、自分の体を巧みにコントロールすることができる。<br>・逆さの感覚、回転する感覚、腕で体を支える感覚、バランス感覚等を身につけることができる。<br>・登る・下りる・くぐる・回る・逆さになる・渡る等の動きがわかる。<br>・友だちと一緒に登り棒を使ったあそびを楽しむことができる。 | ・ぶら下がったり、うんていの上を手や足をうまく使って渡ったりする等のあそびを楽しむことができる。<br>・ぶら下がった状態から、体幹を中心とした筋肉を使って体を振り（あふり）、振り子の原理をうまく利用して、タイミングよく前に移動しながら棒を渡っていくことができる。<br>・体を振る（スイングする）感覚がわかる。<br>・友だち一緒に様々なうんていあそびを楽しむことができる。 | ・腕で体を支える感覚や逆さになる感覚、回転する感覚等がわかり、自分の体をコントロールすることができる。<br>・鉄棒の上に座ってバランスをとることができる。<br>・友だちと一緒に鉄棒を使った様々な技を発明したり、技に名前をつけたりする等、積極的に鉄棒と関わり発展させる楽しさを味わうことができる。<br>・鉄棒の様々な技をつなげて、連続技を考案し、楽しむことができる。 |
| あそびの内容 | ①ななめ棒登りのあそび<br>　竹の棒や平均台を斜めに設置し、手足を使って登る。<br>②跳び乗りあそび<br>　登り棒を手で握り、ジャンプをしながら跳び乗ったり、走りこんで跳び乗る。<br>③ぶら下がりあそび<br>　登り棒を握り手だけで体を支える。<br>④片手放しあそび<br>　登り棒に登り片手を放す。<br>⑤クルリンパ<br>　登り棒を使って前回りや後ろ回りをする。<br>⑥棒渡り・綱渡りあそび<br>　登り棒に上り、棒から棒へ横に移動したり、棒と棒にロープを結び付けてそのロープを使って綱渡りをする。<br>⑦棒登り | ①動物のまねっこあそび<br>　動物になりきってうんていを使ったあそびをする。<br>②ジャンケンあそび<br>　二人組でそれぞれ、うんていの両側からスタートして出会ったところで口や手、足等を使ってジャンケンをする。 | ①逆さあそび<br>　手や足で体を支えて逆さになる。<br>②ぶら下がりあそび<br>　鉄棒にぶら下がり、手だけで体を支える。<br>③支えるあそび<br>　腕で自分の体を支える。<br>④バランスあそび<br>　鉄棒の上にバランスをとりながら座る。<br>⑤落ちる・跳び下りるあそび<br>　鉄棒から動物になりきって落ちたり、様々な体勢から体をスイングさせながらタイミングよく下りる。<br>⑥回転あそび<br>　鉄棒を使って前まわりや足抜きまわり、逆上がり等、体を回転させる。<br>⑦振り（スイング）あそび<br>　鉄棒に手や足で支えて、体を前後左右にスイングさせる。<br>⑧連続技づくり<br>　鉄棒を使った様々な技をつなげて連続技をつくる。 |

## 1.　ジャングルジムのあそび

（1）ねらい

・逆さの感覚、回転する感覚、腕で体を支える感覚、バランス感覚等を身につけることができる。

・登ったり下りたり横に移動する中で、手足の協応を身につけることができる。

・登る・降りる・くぐる・回る・逆さになる・渡る等の動きがわかる。

・友だちと一緒にジャングルジムを使ったあそびを楽しむことができる。

（2）あそびの内容

【動物のまねっこあそび】

　ジャングルジムを使って動物になりきるあそびです。逆さ感覚や回転感覚、手足を協応する等の感覚づくりをしていくことが大切です。

①おさる登り

②おさるの横渡り

③ゴリラのドラミング

④なまけもののお昼寝

⑤チンパンジーのぶら下がり・片手ぶら下がり

【技の発明ごっこ】

　子どもは新しい技・あそびを考えることが得意ですので、ジャングルジム使った技を考案し、名前をつけるあそびが考えられます。

①足離し

②布団干し

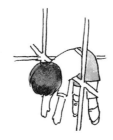

③クルリンパ

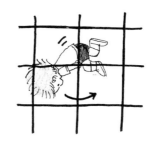

【ルールのあるあそび】

　ジャングルジムを使って、ジャンケンあそびをしたり、おにごっこをする等、ルールのあるあそびです。

①ジャンケン登り：ジャンケンをして勝ったら1段ずつ登ることができます。一番上まで登ったら、次は一番下まで下りていき、先に下まで下りた人が勝ちとなります。何人でも遊ぶことができます。

②ジャングルおにごっこ：ジャングルジムを使ったおにごっこです。おににタッチをされる、または、地面に足が着いたらおにになる等のルールを、子どもたちが考え創り変えていくことでおもしろさが膨らんでいくことでしょう。

③「10ぴきのかえる」ごっこ

　10ぴきのかえる（子ども）のうち、1ぴきが重い病気にかかり、ぎろろんやま（ジャングルジム）の頂上にあるキノコが病気に効くときいてかえるたちは頂上を目指します。

しかし、そこにはこわ～いこうもりさん（保育者）がいます。かえるたちがキノコを採ろうとするとこうもりさんが邪魔（タッチ）をしにきます。見事にキノコを採ることができるとかえるたちは大喜びします。ぎろろんやまには、こうもりだけでなく、怖い動物がたくさんいます。動物を変えたり、こうもり役を子どもたちがする等して、あそびを発展させていくことでさらに面白さが膨らんでいくことでしょう。

## 2.　ブランコのあそび

（1）ねらい

・体の重心を移動させ胸を前に出したり引っ込めたり、膝の曲げ伸ばしにより、ブランコの揺れをつくることができる。

・体を振る（スイングする）感覚がわかる。

・うまくこいでブランコを楽しむことができる。

・ブランコの揺れに身を任せてスピード感覚を味わったり、フワッと浮いたりする感覚を楽しむ。

・順番を決める、交代する等のきまりやルールをつくり、守って楽しむことができる。

（2）あそびの内容

①座りこぎ

②おなかこぎ

③立ちこぎ

④2人乗り

⑤跳び降りあそび（さよならあんころもち）

　「さよならあんころもちまたきなこホイッ」と歌いながら「ホイッ」で跳び降り、次の人と交代します。着地の目安となるように円を描いたり、着地のポーズを考えたりして発展することができます。

⑥くつ飛ばし

　ブランコに乗りながらくつを遠くに飛ばす競争をします。また、目標となる的を置いたり、円を描いて、そこに飛ばして入れる等に発展させることもできます。

### 3.　すべり台のあそび

（1）ねらい

・登ったり滑ったりする中で、手足の協応やスピード感覚、バランス感覚を身につけることができる。

・高さやスピード等のスリルを味わうことができる。

・友だちと一緒に滑って楽しむことができる。

・すべり技、登り技等を考え、すべり台を使ったあそびを発展させながら楽しむことができる。

・順番や使い方のルールについて、安全なあそび方を考え楽しむことができる。

（2）あそびの内容

【すべり技の発明ごっこ】

　単に座って滑るだけでなく、足を開いたり、体勢を変えて滑る技を考えたり技に名前をつ

けたりする。

①足グーすべり

②足パーすべり

③スーパーマン

④列車（2人組）

【動物のまねっこ登り】

　動物になりきってすべり台の下から上によじ登る。

①くまさん登り

②あひる登り

③とかげ登り

【すべり台の忍者修行】

　ロープを使って手足を協応させながら、うつ伏せや立って登る。

【すべり台おにごっこ】

　すべり台を使っておにごっこをする。

## 4.　登り棒のあそび

（1）ねらい

・跳び乗ったり、登ったり、渡ったり、滑り

下りたりする中で、バランスをとったり手と足をうまく協応させる等、自分の体を巧みにコントロールすることができる。

・逆さの感覚、回転する感覚、腕で体を支える感覚、バランス感覚等を身につけることができる。

・登る・下りる・くぐる・回る・逆さになる・渡る等の動きがわかる。

・友だちと一緒に登り棒を使ったあそびを楽しむことができる。

（2）あそびの内容

**【ななめ棒登りのあそび】**

竹の棒や平均台を斜めに設置し、手足を使って登る。

①保育者が2本の竹を肩に背負い、子どもが先生に向かって登っていく。

②鉄棒や跳び箱に固定させた2本の竹や平均台を登り、てっぺんからオリジナリティー溢れる着地ポーズで跳び下りる。

③平均台をジャングルジムや跳び箱等に固定し登っていく。

**【跳び乗りあそび】**

登り棒を手で握り、ジャンプをしたり、走り込んで跳び乗る。

①1本跳び乗り・2本跳び乗り：登り棒をジャンプして跳び乗る。

**【ぶら下がりあそび】**

登り棒を握り手だけで体を支える。

①1本ぶら下がり：1本の登り棒にぶら下がる。

②2本ぶら下がり：2本の登り棒にぶら下がる。

【片手放しあそび】

　登り棒に登り片手を放す。

①1本片手放し：1本の登り棒に登り片手を放す。

②2本片手放し：2本の登り棒に登り片手を放す。

【クルリンパ】

　登り棒を使って前まわりや後ろまわりをする。

①2本の棒を使ったクルリンパ（前まわり・後まわり）

【棒渡り・綱渡りあそび】

　登り棒に登り、棒から棒へ横に移動したり、棒と棒にロープを結び付けてそのロープを使って綱渡りをする。

①棒渡り：2本以上の登り棒を、棒から棒へ横に渡っていく。

②綱渡り：棒と棒にロープを結びつけて、棒を支えにしながら綱渡りをする。

【棒登り】

5.　うんていのあそび

（1）ねらい

・ぶら下がったり、うんていの上を手や足をうまく使って渡ったりする等のあそびを楽しむことができる。

・ぶら下がった状態から、体幹を中心とした筋肉を使って体を振り（あふり）、振り子の原理をうまく利用して、タイミングよく前に移動しながら棒を渡っていくことができる。

・体を振る（スイングする）感覚がわかる。

・友だちと一緒に様々なうんていあそびを楽しむことができる。

（2）あそびの内容

【動物のまねっこあそび】

　動物になりきってうんていを使ったあそびをする。その中で、体を前後や横に振る感覚や逆さの感覚、手足を協応する等がわかっていきます。

①サルの前渡り・後ろ渡り

②サルの横渡り

③こうもり

④くまの橋渡り

⑤かめ

【ジャンケンあそび】

　2人組でそれぞれ、うんていの両側からスタートして出会ったところで口や手、足等を使ってジャンケンをします。

①足ジャンケン：うんていの両側から前移りで進み、両者が出会ったところで、足でジャンケンする。

②手ジャンケン：うんていの両側から前移りで進み、両者が出会ったところで、手でジャンケンする。

6.　鉄棒あそび

（1）ねらい

・腕で体を支える感覚や逆さになる感覚、回

転する感覚等がわかり、自分の体をコント
ロールすることができる。

・鉄棒の上に座ってバランスをとることがで
　きる。

・友だちと一緒に鉄棒を使った様々な技を発
　明したり、技に名前をつけたりする等、積
　極的に鉄棒と関わり発展させる楽しさを味
　わうことができる。

・鉄棒の様々な技をつなげて、連続技を考案
　し、楽しむことができる。

（2）あそびの内容

【逆さあそび】

　鉄棒に手や足で体を支えて逆さになるあそ
びです。

①ぶたの丸焼き

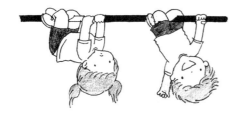

②こうもりのお絵かき

③こうもりジャンケン

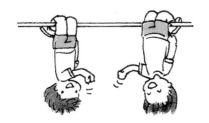

④地球まわり

【ぶら下がりあそび】

　鉄棒にぶら下がり、手だけで体を支えるあ
そびです。口や手、足等でジャンケンをした
り、足でボールを移動させる等して工夫しま
しょう。

①ぶら下がり足ジャンケン（2人組）

②ぶら下がりボール運び

【支えるあそび】

　鉄棒に腕で自分の体を支えるあそびです。
何かをイメージしてなりきったり、友だちと
口や足でジャンケンする等の工夫をしてみま
しょう。

①つばめ

②自転車こぎ

③足ジャンケン（2人組）

【バランスあそび】

　鉄棒の上にバランスをとりながら座ります。乗り方や座り方、下り方等を考えることも楽しめるでしょう。

①鉄棒の上に座っておはなし

②鉄棒の上に座ってジャンケン

【落ちる・跳び下りるあそび】

　鉄棒から動物になりきって落ちたり、様々な体勢から体をスイングさせながらタイミングよく下りるあそびです。

　落ちるあそびを行う時は、鉄棒の下にマッ

トを敷く等して落ちても痛くない、安全であることが前提となります。

①さるも木から落ちる

②こうもりも木から落ちる

③ゆらゆらポン：地面に置いたフープに跳び下りるなどのアレンジもできます。

④うしろ跳び下り

【回転あそび】

　鉄棒を使って前まわりや足抜きまわり、逆上がり等、体を回転させるあそびです。

①前まわり下り

②足抜きまわり（前まわり・後ろまわり）

③逆上がり

**【振り（スイング）あそび】**

　鉄棒に手や足で支えて、体を前後左右にスイングさせるあそびです。

①さるの横振り移動

②こうもり振り

**【連続技づくり】**

　鉄棒を使った様々な技をつなげて連続技をつくります。

例①：とびあがり→つばめ→つばめ足ジャンケン→ふとん干し→前まわり下り

例②：足抜きまわり→こうもり→こうもりのお絵描き→こうもり振り→こうもりも木から落ちる

**【注】**
本稿は塩田桃子（2018）「固定遊具で育つ力と遊びの実際」『たのしい体育・スポーツ』No.306，pp.7-11，学校体育研究同志会に加筆・修正したものです。

**【参考文献】**
1）日本スポーツ振興センター（2012）『学校における固定遊具による事故防止対策　調査研究報告書』

## コラム ① 乳児の運動あそび

"乳児の運動あそび"は、寝返りから始まり、ずりばい・ハイハイ・つかまり立ち・歩く・走る・よじ登る・ジャンプするなど、日々のあそびや生活の中で、人が生きていく上での基本的な動作を充実させていくことが大切です。それが、幼児期の"運動あそび"の土台となっていきます。

### 赤ちゃんが「〜したい！」と思う原動力

保育園に入園したばかりの赤ちゃんにとっては、知らない場所に急に連れてこられることになるので、初めの１か月くらいは泣き声がクラス中にこだまします。保育者も歌をうたったり、おもちゃを渡してみたりしながら、一人ひとりどんなことが好きなのかを探っていくと、ピタッと泣き止む瞬間がやってきます。「〇〇ちゃんは、歌が好きみたい」と少しずつ様子が分かってくると、子どもたちの方も「何だかこの人は自分の心地良いことをしてくれるぞ」と感じ始めます。これが、信頼関係づくりの第一歩になります。

例えば、０歳児クラスの代表的な運動あそびの１つである"マットのお山のぼり"ですが、ただお山を作れば勝手に子どもたちが登り始めるわけではありません。子どもが自ら「登りたい！」と思うようになるのは、登った先に"大好きなおもちゃ"や"大好きな大人（保育者）"がいることがわかるからです。そして、「登れたね！」と一緒に喜んでくれる大人がいるからこそ、「もう一回！」と何度も繰り返し登るのです。その繰り返しの中で、足指で床をしっかり蹴る力がついて、ずりばいやハイハイができるようになっていきます。

### 友だちと一緒が「楽しい」と思える毎日を

大人との信頼関係が十分にできてくると、少しずつその周りにいる"友だち"にも興味が広がっていきます。

１歳児クラスは散歩先などでちょっとした段差を見つけては、ジャンプして降りることが楽しくなってくる頃です。何度もジャンプを楽しむ子もいれば、「トトン」と片足ずつ降りてジャンプしたつもりになっている子もいれば、まだまだできない子もいます。

跳べない子も友だちのことをよく見ているので、段差で必死に身体を揺らしながら「跳ぼう」と頑張ります。そんな時、大人がそっと手を差し出すと、それを支えに「トトン」と降りられるのですが、何とも嬉しそうな笑顔を見せてくれます。

保育者が「〇〇ちゃんと一緒のジャンプができたね」と声をかけると、相手の子も「どうしたの？」と興味を示すので、「じゃあ、次は２人で一緒にジャンプする？」と子ども同士をつなげます。もちろん同じようにジャンプはできないけれど、その「いっしょ！」が嬉しくて楽しいのです。２人で顔を見合わせて、「できた！」と手をパチパチたたいて喜ぶ様子は微笑ましいです。

このように、乳児期は日々のあそびや生活の中で、大人や友だちと一緒に歩いたり、走ったり、ジャンプしたり、身体を動かすことを楽しむことがとても大切です。そんな経験を積み重ねてきた子どもたちは、幼児クラスになって少し難しい課題を取り組むことになっても、「やってみよう！」「できるようになりたい」という気持ちや、それができるようになる力の土台が育っています。

幼児クラスになってから、運動あそびを始めるのではありません。その土台となる気持ちや体の育ちは乳児クラスから始まっていると思って、子どもたちと楽しい毎日を過ごしていくことが大切ではないでしょうか。

# 3 水あそび

## Ⅰ．教材について

　子どもたちは水あそびが好きです。暑い時期には自然と水の心地良さを求めるものです。朝、使わなくなったベビーバスに水を溜めてテラスにおくと、お昼頃には適温になり、バシャバシャと手につけて楽しそうにしています。そんな子どもたちでも自分のペースでの水あそびにならない時には、嫌がる子どもが多いです。顔に水がかかると嫌な子どもにとって、バシャバシャと水しぶきを上げてあそぶ子どもが近くにいるだけで、怖々した様子になります。

　水がかかると嫌な理由は何でしょうか。それは、水は好きだけども怖いという側面があるからということにつきると思います。それでは、なぜ水は怖いのでしょうか。それは、水の中では呼吸が出来ないからということです。人体の成分の60〜65％は水分（体液）でできているので浮きやすいのですが、水の中で体を硬くし力を入れると沈んでしまいます。肺にたっぷり空気を溜めてリラックスして水に体を預けることができれば、浮くことが心地よいとわかるのです。そこまでくれば、泳ぐという文化の習得に繋がっていきます。

　水あそび以外の運動あそびと同じように、苦手な子どもにならないためにも、水あそびの段階はたっぷりと遊びこむことが必要で、水の感覚あそびが大事です。泳げるようになるためには、このあたりを丁寧にやるかどうかが大切です。呼吸の仕方や浮くための姿勢制御の方法を学習する基礎的な経験が必要なのです。そこには一定の習熟練習が必要となるので、この呼吸法を獲得する際に「水ぎらい・水泳ぎらい」になってしまう子どもが多いのが現状です。

　しかし、上記のように「習熟練習」と文字にしてしまうとあそびから離れていきがちになります。あそびではなく訓練的になったり、保育者が準備した水あそびの内容が各年齢の発達に合っていなかったり、また発達を踏まえた働きかけができていないということも考えられます。このように子どもたちは、もともと生まれながらに水あそびや水泳が嫌いなわけではなく、何らかの原因によって嫌いにさせられることもあるかもしれないのです。

## Ⅱ．水あそびの進め方と
## 　　指導上の留意点

　以下のように、段階的に水慣れと水に体を浮かせる感覚作りの流れを整理しました。その中で、一応年齢を目安として書いてありますが、それまでの経験や性格によって一律には考えない方が良いでしょう。

■第０段階（準備段階、〜２歳頃）
〈水慣れ感覚〉《浮く感覚》
■第１段階（２歳〜３歳頃）
〈みんなと一緒の場面での水慣れ〉
《水の中で瞬間的に下半身が浮く》
■第２段階（〜３歳頃）
〈顔に水がかかっても少しなら大丈夫→水がかかっても大丈夫まで〉

《水の中で下半身が浮いても怖くない》
■第3段階〈3歳頃〜4歳頃〉
〈頭から水をかぶっても大丈夫→水に顔をつけても大丈夫まで。息こらえ〉
《水の中に顔をつけて浮かせられる》
■第4段階〈4歳頃〜5歳頃〉
〈水に顔つけが平気→潜ることができる〉
《リラックスして浮くことがわかる》

　子どもたちが水ぎらい・水泳ぎらいになる要因として「（1）皮膚感覚からくる恐怖心、（2）聴感覚からくる恐怖心、（3）視覚による恐怖心、（4）呼吸閉塞による恐怖心、（5）水泳の特色である固定した支点を持たない運動であることによる恐怖心」があるとされています。それらのなかでも特に「呼吸閉塞」が最大の恐怖心であるという指摘があります[1]。つまり、これらの水ぎらい・水泳ぎらいになる要因を乗り越えるための、水あそびから水泳へのスムーズな移行が必要なのです。そのなかでも特に呼吸法の獲得が重要になってくるといえます。

## Ⅲ．水あそびのねらい

〈できる〉
・水が顔にかかっても平気になる。
・水の中で息をこらえられるようになる。
〈わかる〉
・息を止めていれば、水を飲まないことがわかる。
・体が浮くことが心地よいことがわかる。
〈学び合う〉
・友だちと一緒に楽しみながらやり方を教え合える。
　【できて・わかって・学びあう】経験、こ

の3点が大事です。「大丈夫！こわくない」や「おもいきってきてごらん」ではリラックスできません。

　保育現場での水あそびの目標は、「水を怖がらずに、みんなと楽しく水あそびができる子どもになること」だと思います。この時期の目標は、決して泳げるようになることではありません。なぜならば、保育現場のプールは水を溜めても、小さな子でも背が足りる深さなので泳ぐ必然性がありません。そのため自然に泳げるようにはなりにくいのは仕方ありません。

　泳げるということは、バシャバシャとバタ足で推進力をつけて息が続く間進んでいることではなく、息継ぎができてこそ本当に泳げるということになります。ということからすると、保育現場にあるプールでは深さも広さも不十分です。本当の意味で泳ぐことを追求するには、一定の深さと広さが必要だと思います。だから、保育現場では、水を怖がらずにみんなと楽しく水あそびができる子になっていることが大事だと思います。お風呂での洗髪や、保育現場の意図を持った水あそびを経験していれば、小学校でつまずかずに泳げる子どもになれるはずだと思っています。

　この様な道筋を、やり方やコツがわかってできるようになります。大好きな先生や友だちと一緒だから、やり方や励ましや挑戦心の芽生えによって少しずつできるようになってくるのです。そして、やり方がわかってくると、もっともっと色々なことができるようになっていくのです。また、教え合い、学び合う経験が大きいので意識してそのような試みも大切にしていきましょう。

# Ⅳ．年齢別のねらいとあそびの内容

※年齢区分はおおよその目安です。

| | 3歳児の水あそび | 4歳児の水あそび | 5歳児の水あそび |
|---|---|---|---|
| ねらい | ・息をこらえて顔つけし、一気に吐くことができる。<br>・足や体が浮くことを感じ怖くないことがわかる。<br>・友だちと一緒にするので、やり方を見合い学び合う。 | ・呼吸のコントロール（息こらえができ一気に吐き出すこと）ができる。<br>・伏し浮きのやり方がわかる。<br>・友だちの上手なやり方を見てその様子を言い合える。 | ・呼吸のコントロール（息こらえができ、一気に吐き出すこと）ができる。<br>・けのびから脱力した伏し浮きができる。<br>・伏し浮きから呼吸をコントロールして進むことができ、方法がわかる。<br>・やり方やコツを教え合い学び合う。 |
| あそびの内容 | ①ミストシャワーと噴霧器の活用<br>　水の勢いや量が適当なので初歩としては最適で、徐々に平気になります。<br>②お風呂ごっこ<br>　子どもの体を抱き寄せごしごし、最後に頭の上でスポンジを握ります。<br>③風船あそび<br>　プールに長風船や中に水の入ったヨーヨーなど、様々な風船を浮かべておきます。風船で遊び、頭上のざるに風船を乗せ割ります。<br>④青にしますか？赤にしますか？<br>　青いバケツと赤い洗面器など色と大きさの違う容器を用意し子どもが選んだ容器の水をかけます。<br>⑤水かけ大作戦<br>　中央で保育者がたらいを頭に乗せ待機し、その中に四方八方から水をかけて溜めます。<br>⑥ワニさん歩きからトンネルくぐりや橋くぐりへ<br>　ワニさん歩きで、フープのトンネルやプールスティックの橋をくぐります。<br>⑦ぷくぷくワニさん、顔つけワニさん<br>　少しずつワニさんから息こらえに繋げていきます。 | ①プールスティックシャワー<br>　ホースをプールスティックに差し込んで、水をかけます。ホースからそのままの水より、なぜだか抵抗が少ないあそびです。<br>②ワニさんタクシー<br>　先生ワニさんの背の上に子どもを乗せ途中でグラグラと落とします。<br>③股下くぐり<br>　保育者の股下のトンネルをくぐります。座ったままやワニさんなど自由に、一瞬でも顔をつけないとくぐれない高さに設定し子どもを支えながら行います。<br>④口までからおでこへ<br>　水の中に口まで沈める→鼻をつまんで鼻まで→おでこをつけての流れで行います。<br>⑤一瞬三角座り<br>　上の流れまで行けば、保育者の合図で、一瞬三角座りで自分の膝に頭をつけて息をこらえます。<br>⑥モーターボート<br>　フープを両手で持たせて保育者が引っ張ります。<br>⑦大根抜き<br>　プールスティックを両手で持たせて引っ張ります。できる子は顔つけして伏し浮きで行います。 | ①レスキュー隊<br>　ビニールホースを使って作った物を投げて捕まらせ一気に引きます。子どもは伏し浮きで、引っ張る役も子どもたちでも行います。<br>②バナナボート<br>　プールスティック3本をビニールひもで束ねた物をバナナボートに見立て、しがみつかせた状態を引っ張って転覆させます。<br>③いるかジャンプ<br>　色違いのプールスティックを2本水面上で持っておきます。そして最初は上から跳び越え、次は下をくぐるという指示を出して行います。<br>④ロケット発射<br>　保育者は子どもをまたいだ状態で立ち、子どもの曲げた両足をプールの壁に当て、両脇を持って3・2・1のかけ声とともに、壁を蹴らせながら、体を前に勢いよく送り出します。送られるとき顔をつけたまま、けのび姿勢にさせます。<br>　上の動きが慣れてきたら、一人でロケット発射を行わせます。保育者は進行方向少し前に両足を広げて立って待ち、けのびの姿勢で進んできた子どもの両脇を掴んで、さらに、勢いよく送り出し推進力をつけて、けのびを持続させます。<br>⑤ロケット発射→けのび→バタ足<br>　けのび姿勢でぎりぎりまで進ませて、勢いが止まったらバタ足で進ませます。<br>⑥トンネルくぐりロング<br>　何人かの両足の間を潜ってくぐります。 |

| あそびの内容 | | ⑧ペア浮き身<br>　ペアでプールスティックを、手とおなかで2本使って浮き身で行います。<br>⑨アシカジャンプ<br>　保育者の持ったフープに倒れこむようにしてくぐります。 | ⑦手つなぎ潜り<br>　水から上がると顔をすぐ拭くことを防止するため、手をつないだまま潜り、リズムをつけ連続潜りの回数を増やしていきます。<br>⑧すっぱい！いっぱい！おっぱい！<br>　まとめて勢いよく息を吐く練習を行います。<br>⑨ワニさん歩きで呼吸練習<br>　「イチニィーーサァーーンパッ！」のリズムの呼吸をしながらワニさん歩きをします。 |
|---|---|---|---|

## 1.　3歳児の水あそび

### (1)　ねらい

・息をこらえて顔つけし、一気に吐くことができる。

・足や体が浮くことを感じ怖くないことがわかる。

・友だちと一緒にするので、やり方を見合い学び合う。

### (2)　あそびの内容

①ミストシャワーと噴霧器の活用

　プールでの水あそびに少し慣れてきた段階で、プールの上のホースからミスト状の水を噴射します。水の勢いや量も少ないので、抵抗なく楽しめます。噴霧器も霧吹きよりは水も柔らかく、圧縮空気によって出続けます。

②お風呂ごっこ

　子どもの体を抱き寄せて座らせて、スポンジでごしごしあちこち洗うまねをします。最後に頭の上にスポンジを乗せ子どもの手を一緒に添えスポンジを握ります。

③風船あそび

　プールに長風船や中に水に入ったヨーヨーなど、色々な風船を浮かべます。風船で遊ばせた後、頭の上で持ったザルの上に風船を乗せ、最後は割って中の水を滴らせます。

④青にしますか？　赤にしますか？

　色違いのバケツや洗面器などを準備し、隠した状態で子どもに質問します。子どもは単純に色で答えるので、選んだ色の物に水をくみ子どもに持たせ、一緒にかけます。

⑤水かけ大作戦

　中央で保育者がたらいを頭に乗せ待機します。そのたらいめがけて、四方から水をかけて溜めます。結果的にみんながかけている水は子どもたちの顔にもかかります。

⑥ワニさん歩きからトンネルくぐりや橋くぐりへ

　ワニさん歩きで歩きフープのトンネルやプールスティックの橋をくぐらせます。フープを少し押しつぶし、上の空間を狭くします。または、プールスティックを橋に見立てその下をくぐらせます。スティックは柔らかいので苦手な子は簡単に頭で押しのけることができます。

⑦ぷくぷくワニさんから顔つけワニさん

　普通のワニさん歩きから、ぷくぷくワニさんで口を水中に沈めぷくぷく息を吐きながらワニさん歩きをします。この後できる子は顔つけワニさんに進んで息こらえにつなげていきます。

## 2.　4歳児の水あそび

（1）ねらい

・呼吸のコントロール（息こらえができ一気に吐き出すこと）ができる。

・伏し浮きのやり方がわかる。

・友だちの上手なやり方を見てその様子を言い合える。

（2）あそびの内容

①プールスティックシャワー

　ホースをプールスティックに差し込み水をかけます。ホースからの水や撒水シャワーの水より、なぜだか抵抗が少なく楽しいものです。

②ワニさんタクシー

　ワニさん歩きを楽しみながら、保育者のワニさんの上に子どもを乗せて進み、途中でグラグラドボンと優しく落とします。

③股下くぐり

　保育者の股下のトンネルをくぐらせます。少しかがんで、空間を調節し座ったままやワニさんなど自由に進ませます。子どもの状態によっては、一瞬顔をつけないとくぐれない高さを設定します。子どもの様子に合わせて、子どもを支えながら行いましょう。

④口までからおでこへ（顔つけに向けてのステップ）

　「水の中に口まで沈めてごらん」「次は、鼻までいけるかな？」「最後は、おでこをつけてごらん」の流れで進めます。

⑤一瞬三角座り

　上の流れまで行けば、合図で一瞬三角座りをして自分の膝に頭をつけるようにします。

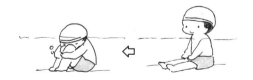

⑥モーターボート

　フープを両手で持たせ保育者が引っ張ります。できる子は、顔つけ姿勢のままで浮き身姿勢をとります。

⑦大根抜き

　プールスティックを両手で持たせ引っ張ります。できる子は顔つけして浮き身姿勢で行わせます。

⑧ペア浮き身

　ペアでプールスティックを、手とおなかで2本使って浮き身姿勢をとらせます。保育者はプールスティックを両手でバックしながら引っ張っていきます。

⑨アシカジャンプ

　フープの下は水中に入れて持ちます。フープめがけて倒れこむようにくぐります。

## 3.　5歳児の水あそび

### (1) ねらい

・呼吸のコントロール（息こらえができ、一気に吐き出すこと）ができる。

・けのびから脱力した伏し浮きができる。

・伏し浮きから呼吸をコントロールして進むことができ、方法がわかる。

・やり方やコツを教え合い学び合う。

### (2) あそびの内容

#### ①レスキュー隊

ビニールホースを使って作った物（輪）を投げて、子どもに捕まらせ一気に引きます。子どもは顔つけ浮き身姿勢で行わせます。引っ張る役も子どもたちに行わせてみましょう。

#### ②バナナボート

プールスティック3本をビニールひもで束ねた物をバナナボートに見立て、腹ばいで両手両足絡めてしがみつかせます。その状態を、バックしながら引っ張って進めていきます。少し傾ければバランスが崩れ転覆します。

転覆しても進んでいる間は、沈んだまましがみつかせておきます。

#### ③いるかジャンプ

色違いのプールスティックを2本、水面上で持っておきます。そして「最初の赤は上から跳び越えて、次の青は下をくぐるんだよ」というふうに指示を出して行います。

#### ④ロケット発射

保育者は子どもをまたいだ状態で立ちます。子どもの曲げた両足をプールの壁に当てさせ、子どもの両脇を持って「3・2・1」のかけ声とともに、壁を蹴らせながら子どもの体を前に勢いよく送り出します。子どもには送られるとき顔をつけたまま、けのび姿勢をするように言います。

上の動きが慣れてきたら、1人でロケット発射を行わせます。保育者は進行方向少し前に両足を広げて立って、子どもを見て待ちます。けのびの姿勢で進んできた子どもの両脇を持って、さらに勢いよく送り出し推進力をつけてけのびを持続させます。

⑤ロケット発射→けのび→バタ足

　けのび姿勢で、勢いがなくなって止まってしまうぎりぎりまで進ませます（最初からバタ足はさせない）。勢いが止まったらバタ足で残りを進ませるようにします。

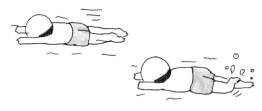

⑥トンネルくぐりロング

　何人かの両足の間を、ロケット発射から勢いをつけて潜り、勢いが止まりそうになったら潜ったまま、バタ足でくぐらせます。

⑦手つなぎ潜り

　水中から上がると顔をすぐ拭いてしまいます。その動作をしないようにするために、手をつないだまま潜り、リズムをつけ連続潜りを続けます。リズムは「イチニィーーサァーーーンパッ！」で行います。パッまで我慢して潜り顔を上げさせます。息継ぎができたら、「チャポーン」と言って顔つけ開始です。そこで、また「イチニィーーサァーーーンパッ！」で行います。慣れてきたら連続3回から5回とどんどん増やしていきましょう。

⑧すっぱい！　いっぱい！　おっぱい！

　止めていた息を、まとめて勢いよく息を吐く練習のため、言葉を言いながら促音（破裂音）のところでパッとはかせます。その際自分の目の前に手のひらを立てさせ、手の平に息を吐かせます（風圧を感じさせます）。

⑨ワニさん歩きで呼吸練習

　「イチニィーーサァーーーンパッ！」チャポーンのリズムの呼吸をしながら、ワニさん歩きをしていきます。

【引用・参考文献】
1）永井博（1988）「ドル平泳ぎ法の科学的根拠」『水泳ハンドブック』新日本体育連盟全国水泳協議会、p.74
2）山本秀人（2009）「水あそび・水泳」『みんなが輝く体育①幼児期　運動あそびの進め方』学校体育研究同志会編　創文企画、pp.41-48
3）山本秀人編著（2007）『0〜5歳児水あそび・水泳を100倍楽しむ本』いかだ社

# 4　かけっこ・おにごっこ

## I．教材について

　夕方、子どもたちはお迎えに来た親の姿を見つけて嬉しそうに走り出し、跳び上がって喜びを表現します。また、網を持ち、トンボやバッタを追いかけて、友だちと一緒に風を切って走る姿も見ることができます。そして、幼児期を過ぎ大きくなっても、生活やスポーツなどの様々な場面で、走って感情を表現する姿が見られます。人間にとって走ることは最も身近な運動であり、自分を表現する手段であると言えるのではないでしょうか。

　保育現場で子どもたちが自分の体を自由に動かし、生き生きと活動する様子は子どもたちの力強さやしなやかさを感じられる瞬間です。一方、子どもたちのあそびが多様化し、体を動かす楽しさをほとんど感じることがないまま、他のあそびに興じる姿も見受けられます。子どもが健やかな発達をする上でも、自ら体を動かし充実感を味わうことは大切なことであり、どの子にも味わって欲しいものです。

　子どもたちが日々活動する中で様々な体の動きが見られますが、中でも幼児期に大切なことは「巧みに走る」ことが大きなねらいの1つです[1]。走るスピードのコントロールや左右へ曲がること、助走をつけたジャンプや両足ジャンプ、スキップなども含まれると考えています。また、歩く、走る動きは、人類の進化の過程から考えても、生きるためにとても重要なものであったはずです。草原での採集や狩猟、農耕の生活にいたるまで、二本足での移動は人間として生活する上で最も繰り返す動きの1つであり、象徴的な動きとも言え、私たちの遺伝子の中に深く刻み込まれているはずです。さらに、幼児期における運動の意義を考えると、体力・運動能力の向上のみならず、意欲的な心の育成や認知能力の発達の観点からも多岐にわたる発達の土台となり、全面的な発達につながることが期待できます[2]。これらのことから、幼児期に「巧みに走る」ことこそが、幼児期の健やかな発達の土台になる、とても重要な運動であると言えます。

　しかし、ただ闇雲に走ればいいというわけではありません。元来、あそびはあそびたいから行うものです。それと同様に子どもたちが走りたいから走るという主体的な活動にならなければいけません。この項では、子どもが主体的な活動として歩く、移動することを含めた「巧みに走る」ことをねらいにしたあそびを、様々なかけっこ、おにごっこに関連させ提案していきたいと思います。

## II．かけっこ・おにごっこの進め方と指導上の留意点

### 1．子どもとの信頼関係づくりから

　あそびを行うときに気をつけたいことは、先ほど述べた、子どもが主体になることです。担任の先生が言うからかけっこをするのではなく、やってみたいという意欲が生まれる取り組みになるような配慮が必要です。また、

どのような立派な教材やあそびを準備したとしても、保育者と子どもの良好な関係がなくては何の意味もなくなってしまいます。あそびを行う上で、まず大切にしたいことは、子どもと保育者の信頼関係をつくることです。子どもは信頼関係のある大人（この場合は保育者）に寄り添いながら園生活を送ります。私たち大人も基本的には「誰かに」であったり、「何かに」であったり、「ある言葉」などを拠りどころとして生きていることが多いと思いますが、子どもも信頼できる大人がそばにいることで、はじめて安心して生活できます。子どもたちからすれば、いつでも帰れる場所があるからこそ、新たな挑戦ができると考えます。そのためにも、まず保育者が子どもたちとの信頼関係を築き、子どもたちの新たな挑戦を見守っていくことが望まれます。そして、安心できる環境で「楽しかった！」という経験をたくさん積み重ねることが大切です。その積み重ねが次の活動への意欲へとつながっていきます。

## 2. 集団づくりの観点を忘れずに ～子どもと子どもの橋渡しになる～

　目の前の1人の子どもに対応することは、幼児教育を目指す者ならある程度できることが多いです。しかし、運動あそびを進める上で保育者が大切にしたい視点は、子ども同士がどのようにつながっていくかということです。子どもたちが保育者との関係性だけで生活が形づくられるのではなく、子ども同士の豊かな関係性の中ではじめて幼児期にふさわしい育ちを迎えます。そのためにも、保育者が自ら子どもと子どもの橋渡しとなり、子ども同士が繋がりを持てるように関わっていくことが求められます。

　特に、おにごっこでは必ず集団で遊ぶことになります。子どもたちが自分以外の誰かと、色々なルールの中で、一緒にあそびながら人間関係を育んでいきます。保育者は、子どもたちの楽しい思いや嫌なことも含め、集団の中でそれらの経験を次に生かせるように関わっていくことが大切です。

## 3. 豊かにうまくなる・できるようになる

　子どもたちにとって何かがうまくなる・できるようになることは、その子の人生が変わるほど大きなことです。保育者もそれを理解し、園生活の中で子どもたちを支えていると思います。しかし、大切なことは、うまくなった時、できるようになった時、周りに誰がいて、誰かに教えてもらいながら、また、どのような取り組みの結果できるようになったか、それを子どもたち自身が少しずつわかっていくことです。かけっこやおにごっこは、あそびの中でも子どもにとって、とても身近なものです。そういう意味でも、うまくなる・できるということがより豊かになるような取り組みが大切です。そのようにして、うまくなる・できるようになった子どもたちは、意欲的に新たな挑戦をしていくことでしょう。

## 4. 体の自由を獲得できるように

　色々な指あそびや手あそび、体あそびをすると自分の体が自分の思い通り動かないことを痛感します。幼児期の子どもたちはこのような感覚と向き合っている時期であると考えられます。幼児期の子どもたちは、日常生活に出てくる動きの1つひとつが大人と比較し未成熟です。しかし、スキャモンの成長曲線にも表されているように、幼児期の神経系の発達は著しく、様々なことが大人と大きな遜

色なくできるようになってくる時期です。このような時期だからこそ、たくさん体を動かし、楽しみたいものです。

　歩くことや移動することを含む「巧みに走る」ということを、子どもたちがわがものにしていくことは、あらゆる運動の土台となり、子どもたちの全面的な発達につながっていきます。また、体育的な活動はもちろん、造形活動で絵を描くこと、音楽活動で楽器を弾いたり、言葉を発したりすることもすべて運動と捉えることができます。脳からの信号で筋肉が収縮することによって行うことです。これらのことからも、自分の思い通りに体を動かすことができれば、どんなことでもできるようになっていくはずなのです。だからこそ、自分の体が自分の思い通り動かせるように、体の自由を獲得できるように、あそびの中で様々な動きを行うことを大切にしていきたいです。

## 5.　ルールは子どもたちがつくっていく

　あそびの主体は子どもです。色々なおにごっこのルールを、友だちや保育者と一緒に変えていくことになります。しかし、基本的にはルールは子どもがつくっていくようにし、保育者は子どもたちの意見の代弁や言語化を補助する形で話し合いに参加するのが望ましいです。例え、少し理不尽なルールがあったとしても、行うのは子どもたちです。子どもたちが納得すれば、それで良しとしましょう。子どもたちにとって何か不都合なことがあると、必ず子どもの中からつぶやきが出てきます。保育者はそれを見通して関わっていくことが求められます。ただ、全ての場面で子どもたちだけで決めていくのは難しい時もあります。子どもたちが今まで見たことや経験し

たことがないことは、なかなか発想として出てきません。その時は、おにごっこの種類やルールをいくつかの選択肢の１つとして提示するなど、新しい要素を加えていくことも必要です。しかし、あくまで決定権は子どもたちが持つようにし、自分たちのことは自分たちで決める。そして、それを守っていくということを大切にしていきたいです。

## 6.　どのような競争観を持つか・育てるか

　幼児期に、行った行為そのものを楽しむ「あそび」から、やがて、ある目的を達成するための「スポーツ」になっていきます。スポーツには必ず勝敗が出てきます。幼児期に行うあそびにも勝敗が出てくることが多いですが、その時の勝敗や、勝敗に関する考え方は親や保育者など、子どもの身近にいる大人の価値観によって決まると言っても過言ではありません。子どもたちの中には、負けることを極端に嫌がり、競争が出てくるものは自分が勝てるものしかしないという子どもがいます。これは周りの大人が原因と考えられます。あそびの中で、勝敗の結果だけを重要視することは幼児期にはふさわしくありません。それでは保育者をはじめ、我々大人はどのような競争観を持つべきでしょうか。もちろん、答えは１つではないはずです。そもそも、幼児期に競争は必要でしょうか。そのようなところから考えていく必要があります。

　幼児期の競争を考える時に、特に大切だと感じることは、結果ではなく過程をよく見るということです。子どもたちと活動していると、どうしても勝敗の結果だけを見てしまいがちですが、なぜ勝ったのか、なぜ負けたのか、その過程をしっかり見ることが大切だと考えています。かけっこでは「しっかり腕を

振っていたね」、おにごっこでは「二人のお
にで、はさみうちにできたね」など、勝敗の
過程に出てくるであろう、作戦や技術、チー
ムワークなどから、子どもたちと一緒に、次
はどうしようと考えていくことが求められる
のではないでしょうか。今一度、競争観につ
いて考えてみてもらいたいと思います。そし
て、子どもたちにはどのような競争観を持っ
てもらいたいと考えているでしょうか。

### 7. 子どもは具体的な経験を通して学ぶ
　　〜価値あるものを見極める〜

　おにごっこを含め、色々なあそびが高度に
なってくると、そこに作戦や技術などが出て
きます。チーム対抗のおにごっこをする前に、
子どもたちが何やら作戦らしきものを、顔を
突き合わせて話している光景は見ているだけ
でワクワクするものです。また、しっぽとり
でうまくしっぽを取る方法やリレーのバトン
の渡し方などの技術、子どもたちが創意工夫
して出したアイディアや作戦は、たとえ失敗
したとしても、とても価値があるものです。
このように、子どもたちとのあそびの中で、
大人だと思いつかないような作戦や技術、ま
た、突拍子もないと感じる提案が出てくるこ
とがあります。その時、大切にしたいことは、
子どもたちがやりたかったらやってみること
です。大人は、これまでの経験に基づいて、
様々なことに対して良し悪しの判断を行いま
す。しかし、その経験がない子どもたちは判
断する基準そのものが乏しいです。子どもた
ちには自由な発想で活動を行い、その結果か
ら、今後どうして行くか考えることができる
ような経験を保障したいものです。
　また、子どもたちのあそびを観察する上で
大切な視点は、子どもたちは今、何を楽しん
でいるかという「楽しさの質」を考えること
です。"体を動かすことを楽しむ"や、"同じ
目的を持って遊ぶことを楽しむ"など、年齢
や発達段階によって楽しさの質が刻々と変化
していきます。今、目の前の子どもたちが何
を楽しんでいるか、それは年齢や発達段階に
ふさわしいものか、本当に経験させたい価値
あるものなのかしっかり見ていくことが必要
です。

## Ⅲ．かけっこ・おにごっこのねらい

〈できる〉

・歩いたり、走ったり、跳んだり、体を自由
　に操作することができる。
・歩いたり走ったりする中で自由に表現する
　ことができる。
・スピードやリズムをコントロールして走る
　ことができる。
・決めたルールを守りながら遊ぶことができ
　る。
・かけっこやおにごっこの中で友だちや自分
　の動きが予測・判断できる。
・自分たちでルールをつくったり変えたりし
　ながらおにごっこを楽しむことができる。
・おにごっこの中で自分たちのチームに合う
　作戦や役割を考え合ったり、実際に動いた
　りすることができる。

〈わかる〉

・体を動かすことが心地よい。
・自分の体が運動している時にどの様に動い
　ているかわかる。
・ルールに基づいて遊ぶことが楽しい。
・友だちと一緒に遊ぶことの楽しさがわか
　る。
・様々なおにごっこのルールをわかって楽し

むことができる。

〈学び合う〉

・保育者や友だちと楽しく運動する中で、競い合い、教え合いやお手本を見て学ぶことができる。

・友だちとあそびを楽しみながら、みんなの

意見を聞き、おにごっこのルールを変え、自分たちがより楽しめるものにすることができる。

・あそびの中で他の人の考えをイメージし、自分の考えを加えながら、より良いルールや作戦を考え出すことができる。

## Ⅳ．かけっこの年齢別のねらいとあそびの内容

| | 3歳児のかけっこ | 4歳児のかけっこ | 5歳児のかけっこ |
|---|---|---|---|
| ね<br>ら<br>い | ・体を動かすことを楽しむ。<br>・目標を決めて走ることを楽しむ。<br>・友だちと一緒に走ることを楽しむ。<br>・走るスピードをある程度コントロールできる。 | ・目標まで走りきる事ができる。<br>・色々な走り方ができる。<br>・友だちと競い合って走ることができる。<br>・何かをしながら（物を運びながらなど）走ることができる。<br>・走るコースや地面の状態などで体の使い方が違うことがわかる。 | ・スピードやリズムをコントロールしながら走ることを楽しむ。<br>・障害物があるところや、決められたコースで体をコントロールしながら走ることができる。<br>・リレーのルールや順番を守り、競い合いを楽しんで走ることができる。 |
| あ<br>そ<br>び<br>の<br>内<br>容 | ①ぐるぐるかけっこ<br>　マットやコーンなどの周りをぐるぐる回って走る。音楽に合わせてスピードを変えたり動物歩きなどを行ったりする。<br>②坂道上がり・下り<br>　坂道を上がったり下ったりする。坂の途中からジャンプしたり斜面を横切ったりする。<br>③まねっこ走<br>　園庭などで保育者の真似をして走る。スピードの変化や簡単な障害物のある所やコースを走る。<br>④風車・リボン走<br>　風車やリボンを持ち、風車の回り方やリボンのなびき方の変化を楽しみながら走る。 | ①凧<br>　凧を持ち、揚がるように走る。走るスピードや方向、凧の様子を観察しながら走る。<br>②ケンケンパ<br>　決められたコースで体を操作して楽しむ。<br>③風船アタック<br>　天井から吊るした風船を走ってアタックする。ジャンプしながら、跳び下りながらアタックする。<br>④ドンジャンケン<br>　コースの両端から2チームそれぞれがスタートし、出会ったところでジャンケンをし、負けた方はコースを空け次の人がスタート。<br>⑤色々なかけっこ<br>　色々な走り方やコースでスピードや時間を競い合って走る。 | ①ぐねぐね走（平面の障害走）<br>　障害物や決められたコースの中で自分の体をコントロールして走る。心地よいリズムや、挑戦しがいのあるコースづくりをしたり、コース幅を工夫したりする。<br>②ハンディ走<br>　複数人でゴールテープを一緒に切れるようにスタート位置を変えて走る。子どもたちでスタートの位置を考えて行うと良い。<br>③リレーあそび<br>　チームに分かれ、スピードや時間を競う。ただ走るだけでなく、物を運んだり移動する方法を変えたりして行う。 |

※それぞれのあそびの年齢はおおよその目安です。条件やルールなどを変えることで幅広い年齢層で遊ぶことができます。

## 1.　3歳児のかけっこ

（1）ねらい

・体を動かすことを楽しむ。

・目標を決めて走ることを楽しむ。

・友だちと一緒に走ることを楽しむ。

・走るスピードをある程度コントロールできる。

（2）あそびの内容

①ぐるぐるかけっこ

　真ん中にマット（コーン等）などを置き、その周りをぐるぐる回る。その時、ピアノやギター、CD音源など音楽を流しながら行うと良い。

　保育者が一緒の方向に回りながら、時には追いかけたり一緒に走ったりしながら行う。途中でスキップやけんけん、ギャロップ、動物歩き（四足歩きやうさぎ跳びなど）などを行うのも良い。また、保育者が一定の動きで通せんぼや大股開きをして子どもがくぐるのも楽しい。

　行うときは空間の大きさを必ず意識する。人数に合わせて適度な空間で行うと子どもたちはダイナミックに走る。

②坂道上がり・下り

　子どもの走運動が発達してくると色々な障害物に挑戦する様子が見られる。園庭にお山

があれば駆け上ったり駆け下りたりするのも楽しい。坂道の途中で止まったり、途中からジャンプして下りたり、斜面を横に進んだりするのも面白い。

③まねっこ走

　保育室や園庭、公園などで保育者が移動した後を子どもが真似をして追いかける。スピードやリズム、高低差、不安定な所、走るだけでなく、ジャンプしたりよじ登ったりしながら行う。

④風車・リボン走

　走ることで、持っているものが変化（この場合は風を受けて回る）すると走る意欲が大きくなる。

　リボン走は風車と違って走る方向とは逆の方向で変化するので、後ろを振り返りながら走るなど、より巧みに走ることができるようになってから挑戦すると良い。リボン走は周りで見ているだけでも楽しい。他の子どもがリボンを持って走っているのを見て自分でも走るきっかけになる。

つり道具の
よりもどしの
つり糸を使う

## 2.　4歳児のかけっこ

### (1)　ねらい

・目標まで走りきることができる。

・色々な走り方ができる。

・友だちと競い合って走ることができる。

・何かをしながら（物を運びながらなど）走ることができる。

### (2)　あそびの内容

#### ①凧

　凧もリボン走同様に進行方向の後ろで変化する。そしてスピードや方向（風向き）が問われるのでより巧みな走りが求められる。

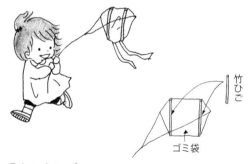

竹ひご

ゴミ袋

#### ②ケンケンパ

　自分たちでコースをつくり、ケンケンパのリズムに合わせて楽しむ。移動する箇所が限定されている中で巧みに走ることを楽しむ。そして、足の使い方やコースによってはリズムも限定されるので、体の操作がより求められる。スピードコントロールやリズムが心地よいコース、挑戦しがいのあるコースをつく

って遊びたい。

#### ③風船アタック

　天井などから風船を吊るし、走ってジャンプしながら風船をバレーボールのようにアタックする。コースや着地するところにマットを敷くと良い。慣れてきたら跳び箱の1段目などを置き、走って踏切台のように使い行っても良い。ホールの舞台など少し高く広い所から跳び下りながらアタックしても面白い。

#### ④ドンジャンケン

　コースの両端から2チームそれぞれがスタートし、出会ったところでジャンケンをし、負けた方はコースを空け次の人がスタート。相手のスタート地点までいけたら勝ち。

コースの一例

スタート　　　　　　　　　　　　スタート

⑤色々なかけっこ

　今まで紹介したものを友だちや保育者とスピードや時間を競って楽しむ。

　走るときに五感を使って、頬を伝う風を感じたり、速い人の足音を聞いたり、草の匂いを感じたり、誰かの影を追っかけたり、誰かと手をつないで走ったりしながら、様々な「走ること」を楽しむと良い。

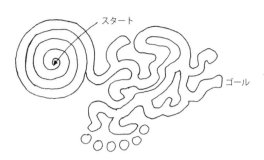

②ハンディ走

　運動会等でのかけっこで、スタート位置をそれぞれの子どもの力に合わせてずらし、ゴールテープを全員が同時に切る事ができるように走る。スタート位置をずらすことで差を無くしてかけっこでの競い合いを楽しむ。スタート位置は基本的に子どもたちが決める。段々とゴール時に競い合う事が面白くなってくる。

③リレーあそび

　チームに分かれ、互いのチームの速さや時間を競う。走っても良いし、物を運んでも良い。必ず勝ち負けが出るが、今回 "は" ○○チームの勝ちで、勝ったチームはバトンの渡し方が上手だったなど技術や作戦と絡めて評価するのが望ましい。チーム分けや作戦など子どもたちと一緒に決めていくことを大事にしたい。

### 3.　5歳児のかけっこ

（1）ねらい

・スピードやリズムをコントロールしながら走ることを楽しむ。

・障害物があるところや、決められたコースで体をコントロールしながら走ることができる。

・リレーのルールや順番を守り、競い合いを楽しんで走ることができる。

（2）あそびの内容

①ぐねぐね走（平面の障害走）

　園庭などに色々なコースを描き、そのコースに従って走る。ジグザグ走、円形に走ったり、コースが途中で切れている所を跳び越したりしながら走る。コースの長さは年齢や発達に合わせて長くなりすぎないようにする。

## Ⅴ．おにごっこの年齢別のねらいとあそび内容

| | 3歳児のおにごっこ | 4歳児のおにごっこ | 5歳児のおにごっこ |
|---|---|---|---|
| ね ら い | ・体を動かすことを楽しむ。<br>・「追いかける」「逃げる」ことを感じながら保育者と簡単なルールのおにごっこができる。<br>・走る方向やスピードをある程度コントロールしながら追いかけたり逃げたりすることができる。 | ・ルールのあるおにごっこを楽しむことができる。<br>・人の動きを予測・判断しながら追いかけたり逃げたりすることができる。<br>・おにごっこのルールを変えながら友だちと一緒に遊ぶことができる。 | ・おにごっこのルールを自分たちで変え、そのルールを守りながら楽しむことができる。<br>・走るスピードやリズムを変えながら自分の体をコントロールし、おにごっこを楽しむことができる。<br>・友だちと一緒に作戦や役割を考え、おにごっこを楽しむことができる。 |
| あ そ び の 内 容 | ①まてまて<br>　保育者が子どもを追いかける。「追いかける」と「逃げる」関係がわかるように言葉や動きで表現する。<br>②逃げろ逃げろ<br>　保育者が子どもから逃げる。追いかける時も逃げる時も子どもとの距離感を大切にする。<br>③しっぽとり1<br>　保育者がしっぽを付けて逃げる。最初は保育者がたくさんしっぽを付けて楽しそうに逃げる。 | ①色おに<br>　おにが色を指定し、その色に触れているとタッチされない。<br>②高おに<br>　高いところにいるとおににタッチされない。高いところにいるとタッチされないため、少しずつルールを自分たちで考えるおにごっこ。<br>③引っ越しおに<br>　タッチされない複数の場所を移動（引っ越し）しながら逃げるおにごっこ。十字おになど派生のあそびがある。<br>④しっぽとり2<br>　追いかける子ども、逃げる子どもに分かれて行うしっぽとり。両者は明確に分かれている方が望ましい。 | ①けいどろ（警察と泥棒　どろけい）<br>　警察と泥棒に分かれておにごっこを行う。作戦や役割が出てくる。<br>②たすけおに<br>　けいどろに似たおにごっこ。しっぽを使うと攻防入り乱れて行うことができる。<br>③川渡りおに<br>　おにがいる川をおにに捕まらないように向こう岸へ渡るおにごっこ。タッチでもしっぽでも可。<br>④しっぽとり3<br>　全員しっぽを付けてチームでしっぽとりを行う。作戦や役割が出てくる。<br>⑤しっぽ陣取り<br>　相手の陣地にある旗や宝物（箱等）を相手より速くとったチームの勝ち。作戦や役割がよりはっきりしたおにごっこ。 |

※それぞれのあそびの年齢はおおよその目安です。条件やルールなどを変えることで幅広い年齢層で遊ぶことができます。

### 1.　3歳児のおにごっこ

（1）ねらい

・体を動かすことを楽しむ。

・「追いかける」「逃げる」ことを感じながら保育者と簡単なルールのおにごっこができる。

・走る方向やスピードをある程度コントロールしながら追いかけたり逃げたりすること

ができる。

（2）あそびの内容

①まてまて

　保育者が子どもを追いかける。「追いかける」と「逃げる」関係がよくわかるように、表情や言葉、動きで表現する。また、保育者と子どもで行う場合は、走る力をよく観察し、

距離感を大事にする。子どもを捕まえたとき
は抱きしめたり、持ち上げたりするなどして、
子どもとの関係性に合わせてスキンシップを
行うと良い。

②逃げろ逃げろ

　子どもから保育者が逃げる。これも「追い
かける」と「逃げる」の関係がよくわかるよ
う表情や言葉、動きで表現する。追いかける
時と同様、距離感は大切にする。①から行っ
ても②から行っても良い。

③しっぽとり1

　保育者がしっぽをつけて逃げる。しっぽと
りおにごっこの特長は、おにごっこの「タッ
チ」と違って具体的な物である「しっぽ」が
あることである。「ある」か「ない」かとと
もに「取った」か「取られた」かが子どもに
とっても一目瞭然である。まず、保育者がし
っぽをたくさんつけて逃げると子どもたちは
喜んで取りに来る。その時の注意点は〝楽し
そうに取られること〟である。

〈しっぽの作り方〉

㋐準備する物
・洗濯バサミ
・PP（ポリプロピレン）ロープ
　太さ6mmのものが良い
・ハサミ
・ビニールテープ

㋑作り方
・PPロープを子どもの肘から手までの長さ
　の4倍程度に切り、それを半分に折って
　洗濯ばさみの金属の輪に通す。
・半分に折って通したロープを更に半分に折
　る（最初の4分の1の長さ）。
・子どもの指が入らないように（怪我防止）
　ロープに適当な間隔でビニールテープを巻
　く。

㋒作成のポイント
・しっぽの太さは6mmのPPロープを4つ
　に折ったものが手頃である。
・ロープは重いと落ちやすいので、走ってい
　る時に落ちない程度でビニールテープを巻
　く。
・色々な色のビニールテープや洗濯ばさみが
　あるのでチームの数に合わせて色を工夫す
　る。

## 2.　4歳児のおにごっこ

（1）ねらい
・ルールのあるおにごっこを楽しむことがで
　きる。
・人の動きを予測・判断しながら追いかけた
　り逃げたりすることができる。
・おにごっこのルールを変えながら友だちと
　一緒に遊ぶことができる。

**（2）あそびの内容**

**①色おに**

　1人のおにが指定した色を言い、その色を探し出し触っているとおににタッチされない。指定した色に触っていない子どもはタッチされておにが交代になる。参加するには色とその呼び方が一致するようになっていく必要がある。段々と「明るい茶色」や「銀色」「うすいピンク」などの色が出てくるので面白い。

**②高おに**

　色おにの、逃げるところが「色」から「高さ」に変わったおにごっこ。色おに同様に高さが高い所だとおににタッチされない。色おにと違うところは新しい色を提示されるようなことがないので、遊ぶにつれ"何秒数えたら違うところに移動しないといけない"などの新しいルールが出てくるおにごっこである。簡単なルールを子どもたちで考えていくには適したおにごっこである。

**③引っ越しおに**

　あらかじめ、決められたタッチされない複数の場所があり、おにの合図で元いた場所から違う場所に移動しなければならない。おには移動している間にタッチやしっぽをとることができれば交代する。よく似た派生のおにごっこがたくさんある。十字おになどもそうである。それぞれ工夫すれば様々な年齢で楽しむことが可能である。

**④しっぽとり2**

　徐々に子どもたちだけでしっぽとりを行っていく。この時点では、必ず「逃げる子ども」「追いかける子ども」が明確に分かれて行うことが望ましい。追いかける子どもの数はあそびの中で子どもたちと一緒に決めていくことが大切である。どのように逃げるのか、どのように追いかけるのか、簡単な作戦が出てくるような関わり方が望まれる。

### 3.　5歳児のおにごっこ

（1）ねらい

・おにごっこのルールを自分たちで変え、そのルールを守りながら楽しむことができる。

・走るスピードやリズムを変えながら自分の体をコントロールし、おにごっこを楽しむことができる。

・友だちと一緒に作戦や役割を考え、おにごっこを楽しむことができる。

### （2）あそびの内容

#### ①けいどろ（警察と泥棒・どろけい）

警察と泥棒に分かれて追いかける、逃げるという役割を遂行するおにごっこ。警察はつかまえた泥棒を、あらかじめ決めた場所の牢屋につかまえておくことができる。ただし、他の泥棒が牢屋にいる泥棒をタッチして逃がすことができる。必然的に牢屋を守る警察が出てきたり、早くつかまえるためにたくさんの警察で泥棒をつかまえに行ったりするなど、作戦や役割分担が出てくる。

#### ②たすけおに

けいどろと良く似たおにごっこであるが、しっぽを使うとどちらかが追いかけるや逃げるということはなく、どちらも相手のしっぽを取ることを目的に遊ぶことができる。

#### ③川渡りおに

図のように、おにがいる川をタッチされないで（しっぽを取られないで）渡り、宝物（しっぽを丸めたもの等）を取りに行く。最初は目的（宝物を取りに行くなど）があったほうが良い。しっぽを全部とられてしまった子ども用に予備のしっぽを用意し、それを付けると再度参加できるようなルールをつくっても良い。予備のしっぽの数も工夫する。

初めて行う場合は、おには保育者が行うのが望ましい。川はマットを敷く、目印を置くなど具体的なものが分かりやすい。川やおにの数は複数でも良い。

川

#### ④しっぽとり3

全員にしっぽを付け、チームでしっぽとりを行う。しっぽとり2でしっぽを取る取られることを十分に遊んだら、次は“自分のしっぽを取られないように相手のしっぽを取る”ということに挑戦する。しっぽとり2で「取るだけ」「逃げるだけ」のあそびを、保育者を含めて十分に行ってからしっぽとり3に移行することが望ましい。チームで簡単な作戦を決め、ある程度それに沿って動こうとする姿が出てくる。

⑤しっぽ陣取り１

　２チームに分かれ全員しっぽを２本、左右の腰に付ける。それぞれの陣地の一番奥に旗や宝物（ダンボール箱等）があり、お互いにそれを相手より先に取ったほうが勝ちである。相手のしっぽを取ることが「目的」から「手段」に変化し、あそびからスポーツへと目的的なものに移行していくあそびである。

　最初はできるだけ簡単なルールが望ましい。何度も行うにつれ、子どもたちの中から新しいルールが出てきたときは試してみると良い。

⑥しっぽ陣取り２

　相手陣地の台の上にあるにある宝物（ダンボール箱など）を真ん中の円まで相手より先に持ってきたほうが勝ち。奪った宝物はパスしても良い。しっぽは２本つけているうち１本でも取られたら参加できなくなる。３人程度のチームをつくって何度も挑戦できるように行うと良い。

⑦しっぽ陣取り３

　コートの中央部分に宝物（ダンボール箱など）を３つ置いておき、それぞれの陣地に２つの台があり、相手より先に相手陣地の台の上に１つずつ、合計２つ宝物を乗せたほうが勝ち。２つの台の距離を適度にすると攻撃時も守備時も選択肢が出てきて面白い。

初期配置

【参考文献】
1）学校体育研究同志会編（1999）『幼児期の体育あそび』草土文化、p.120
2）文部科学省（2012）『幼児期運動指針』

## コラム 2 「さんぽ」のたのしみ

子どもにとって「散歩」は気持ちを解放させ、「おもしろい」何かに出会うわくわくドキドキな活動です。「散歩」で大切にすることは、子どもがおもしろい！と思うことを探すこと、試すこと、そして、それをみんなで楽しむことです。

### 突然のトラブルも心躍る出来事に…

散歩の途中でボールが川に落ちてしまったり、保育者が取りに行くのをみんなで応援したり、知恵を出し合ったりする…そのようなちょっとしたトラブルも子どもにとって心躍る出来事です。

それ以外にも、「あのき、きょうりゅうにみえるよ！」「あそこになにかいるんじゃない?!」…など、子どもたちの発見や保育者も「この溝、声が響くよー！」「おーい！って言ったらあっちの方から聞こえるよー！」と溝やホールといった人工物が響く面白さをみつけてみたり。

普段の散歩の中で子どもたちが各々に好きな遊びをして散らばっていても、そうした「出来事」や「おもしろい事」で集まっては、「なになにー?!」「ほんとだ〜！」とみんなで心通わせる瞬間をたくさんつくっていきたいものです。

そのためにも、保育者が散歩の目的だけに意識を向けるのではなく、子どもの目と心で感じている楽しい発見や心の変化を敏感に感じとることが大切です。

### 大人の感性を豊かに

乳幼児期は初めて虫や草の感触を知ったり、海のべたべたなど自然の感覚に触れる時期です。じつはその感覚だけでなく、一緒にいる大人の反応もよく感じ取っています。大人の感覚を子どもは真似たり、共有したり、とても感受性豊かに受け取っていきます。どのような感受性を持たせることが子どもたちの豊かな生活や体験につながっていくのかを考え、子どもの差し出すものに感性豊かに応えていきましょう。

### 散歩のねらい

さて、散歩は安全面の配慮を確認するとともに、目的やねらいを発達段階に沿ってもっておくことが大切です。四季折々の変化に気付くことは散歩の醍醐味の1つですが、それ以外の「散歩」のねらいを各年齢ごとに挙げていますので、ぜひ参考にしてください。

**0歳児のねらい**：見る、聴く、触る、味わう、嗅ぐを五感で感じたり、それを大人と共感する。

**1歳児のねらい**：（歩けるようになったら）歩きながら探索活動を楽しむ。途中で凸凹道や坂道、とびこえるところなどを組み入れ、足・腰・バランス感覚を育てる（2歳以上も同じ）。

**2歳児のねらい**：目的をもって歩く。「みんなであそぶ」を感じさせていく。

**3歳児のねらい**：手と歩く動きが分離するので、歩くことで全身運動の土台に。「〜したい」という活動意欲を大切にする。

**4歳児のねらい**：①「あした」「きょう」などの区別と関連がある程度わかるので「…へ行って、〜しよう」という子どもに見通し（目的）を与えるような散歩にする。②歩いて行って遊んで帰ってくる活動の中で、ある程度の距離を歩くようにする。

**5歳児のねらい**：①足腰を鍛える散歩にする（しっかり歩く距離を保障する）。②行先など友だちと話し合い、自分たちの考えを出し合って活動する。

### 歩き方の基本

道を歩くときは先頭はゆっくりと歩くことを心がけましょう。後ろになるほどスピードは速くなり、追いつけなくなります。また、先頭の保育者のすぐ後ろはどういう子どもにすればよいかをよく考えましょう。登山では先頭のすぐ後ろ（2番目）に最も体力が少ない人を置き、その人のペースで歩くことが鉄則です。これは長い距離をおしゃべりしながら"楽しく歩く"基本です。

## 5　ボールあそび

### Ⅰ．教材について

　幼児期の子どもの発達を踏まえたボールあそびについて考えてみたいと思います。幼児期の子どもは動いているものを捉え、落下地点を予測してキャッチするということがとても苦手です。これは、空間認識や時間認識が未発達であることが考えられます。例えば、ジェット風船を飛ばして追いかけるあそびをした時、子どもたちは嬉しそうにジェット風船を追いかけますが、落下してきたジェット風船をキャッチすることはとても難しいのです。ですので、キャッチボールができるようになるには、ボールあそびを存分に味わう経験が必要となるのです。では、すべての子どもたちが「楽しい！　またやりたい！」と思えるボールあそびとはどのような教材があるのでしょうか。3歳児から5歳児までの子どもたちが「面白い！」「楽しい！」と思えるあそびについては、「Ⅳ．年齢別のねらいとあそびの内容」で紹介したいと思います。

　次に、ボールあそびでどのような力が獲得されるのか、ということについて考えてみましょう。ボールあそびで引き出される動きとして、投げる・蹴る・転がす・つく・運ぶ・捕る等がありますが、これらは、自然に身につくものではなく、あそび等の経験によって学習していきます。特に投げる・蹴るという動きは意図的に学習しなければ身につくことが困難であると言われています。子ども時代に身につけた動きは大人になっても容易に行

うことができますが、大人になってから身につけようとすると困難な場合があります。大学生においても、未熟型の投げ動作をする学生がいますが、その学生は子ども時代に投げることを存分に経験してこなかったということが考えられます。これは「蹴る」動作も同じことが言えます。

　では、子どもの運動発達の観点から投げ動作に着目してみましょう。幼児期の子どもがボールを見つけると、嬉しそうにそれを持って走ったり、投げたり、蹴ったり、弾ませたりしながらボールに関わろうとする姿が見られます。もともと、ヒトの「投げる」動作というのは、乳児期に手を掴んだものを放つ「偶然の手放し」に始まります。1歳を過ぎた子どもに向かってボールを転がすと嬉しそうに目で追い、それを掴んで投げ返してくれます。その後、2歳頃から加齢につれて「投げる」動作は成熟へと変容していきます。先にも述べたように、ボールを「投げる」動作は生得的に生まれもったものではなく、経験による影響が大きいため、生育歴によって個人差が拡大されるということもおさえておく必要があります。

　これらの観点から、私たちはすべての子どもに豊かなボールあそびを伝え、それを子どもが我がものにしていくみちすじを探りたいと考えています。それを考える上で、ボールあそびの教材価値として以下の5点を提案したいと思います。

（1）ボールあそびは、投げる・蹴る・転がす・つく・運ぶ・捕る等の多様な動きをあそびの

中で獲得することができ、また、様々なボール操作の力を身につけることができる。

（2）ボールを媒介にして、友だちと一緒に楽しむことができ、ルールのあるあそびへ発展しやすいため、平等性や公平性の必要性がわかりやすい。

（3）攻防のあるボールゲームにおいては、ボールや相手とのやりとり（攻める・守る）の中で、自分とボール、自分と味方、自分と相手等の関係を認識（空間認識・時間認識・仲間認識）し、同時に自分の動きを判断して巧みに動いたり、ボールを操作したりする力を高めることができる。

（4）みんなが楽しめるボールあそびにするにはどのようにあそびを工夫すればいいのかを考えたり、ルールのあるボールあそびでは、どのような作戦があるのかを考えたりする中で、あそびを発展させたり創造したり思考する力を身につけることができる。

（5）ボールあそびの準備や片づけだけではなく、審判やタイムキーパー・得点係等の役割分担をする中で、自分の役割を見つけだしやり遂げることや、自分たちであそびを運営する力を身につけることができる。

以上のことからも、子どもにとってボールあそびというのは、単にボールを操作するといった、個人の技術向上を高めるだけではなく、仲間とのやりとりを楽しむなかで、様々な認識力や思考力、体をコントロールする力などが相互作用しながら学習することができる総合的活動であると考えています。

今日の子どもを取り巻く状況を見渡してみると、公園では「ボール使用禁止」の看板が立てかけられていたり、保育園や幼稚園等では安全上の問題からボール使用における規制（時間や使用場所の規制等）が敷かれていた

り、ボールそのものが置いていなかったりする園も存在します。子どもがいつでもどこでも安全にボールで遊ぶことが困難になってきている現状があります。だからこそ、保育園や幼稚園等において、安全指導も含めてボールあそびを存分に味わうことができるよう、環境を整え、場や時間を保障することが求められていると言えるでしょう。

## Ⅱ. ボールあそびの進め方と指導上の留意点

### 1. ボール以外の身近な素材を使って遊ぼう

ボールあそびで引き出される動きには、投げる・蹴る・転がす・運ぶなどが挙げられますが、これらの動きはボールだけではなく、メンコや新聞あそび等のあそびによっても引き出すことができます。例えば、メンコは、ボールを投げる動作とほぼ同じような動きですし、新聞棒を投げる、紙飛行機を飛ばす時の動作も類似してします。あそびをより豊かにしていくためには、様々な素材を使ったあそびとの出会いも大切にしたいものです。

また、素材だけではなく、あそびの仕方にも様々ありますが、何かのストーリーからごっこあそびに繋げて遊ぶことも考えられます。例えば、新聞棒をやりに見立て、猛獣をやっつけるというごっこあそびに発展する等も考えられます。

子どもたちの発想やイメージから保育を創っていく際、このようなごっこあそびの要素を取り入れるなど様々な仕掛けを用意することによって、子どもたちは何かに見立てたりなりきったりしながらあそびに夢中になるのかもしれません。

## 2.　ルールづくりは子どもに任せる

　5歳児にもなってくると子どもたちで話し合いをしたり、考え合うことができるようになっていきます。既存のルールを大人が提示するのではなく、あえて不平等な状況をつくり、子どもたちが平等にすることの必要性、すなわち「平等にしないとおもしろくない！」ということに気づかせ、子どもたちがどうすればみんなが楽しむあそびになるのかを考えることがとても重要なポイントです。大人が最初から平等な状況をつくることは、かえって、子どもたちがあそびを創り出す機会を奪うことにもつながります。子どもから「おもしろくない！」という声が生まれた時、保育者からの「なぜおもしくないのかな？」「どうしたらいいのかな？」という問いかけ・投げかけによって子どもたちは思考し、アイデアを出し合い、試し、創り変えることによってルールを理解しながら子どもたちに相応しいあそびが生み出されていくのではないでしょうか。その過程を丁寧に踏むことで子どもたちが自ら「平等な方がおもしろい」、「ルールがある方がおもしろい」ことがわかっていくのではないでしょうか。

## 3.　あそびを運営するのは子ども（準備・片付け・審判などもすべて子どもができるように）

　子どもがあそびの主体者になるためには、子どもたちが自分たちであそびを工夫したり、あそびを主体的に進めていく等の力が求められます。例えば、ルールのあるあそびでは、審判、タイムキーパー、得点係といった役割を子どもたちが担うことも考えられます。審判は始まりと終わりの合図をする人、タイムキーパーはキッチンタイマーのボタンを押して時間を計る人、得点係は得点が入るとホワイトボードにマグネットを1つ貼って得点をカウントする人、といったように、簡単なことであれば子どもたちは喜んで役割を担おうとするでしょう。また、準備や片付けにおいても、ボールを倉庫から運んだり、コートのライン引き、ゴールを作る等、子どもたちが自分たちで見通しをもってやり遂げられることも、ボールあそびで育てたい力として挙げたいと考えます。

　このように、子どもたちが自分たちでボールあそびの場を創り出し、主体的にあそびに参加することが大切なのではないでしょうか。

　最後に、「ボールあそびで子どもたちにどのような力を育てたいのか？」ということを改めて整理します。単に、ボールを遠くに投げることができるとかルールを守って遊ぶとできるということだけがボールあそびのねらいではありません。ボールあそびが得意な子も苦手な子も楽しめるようにするにはどうしたら良いのかを子どもたち自身が考え、そのためにルールを変えたり、新たに創造していくことができる子どもたちに育てたいものです。また、子どもが主体的に準備や片付けをするだけでなく、あそびを運営していく力も育てていきたいものです。このように、ボールあそびは、子どもの運動能力だけでなく、生きるための総合的な力を育てる可能性をもつ教材と言えるでしょう。

## 4.　ボールの大きさ・硬さについて

　ボールの大きさや硬さは、そのあそびのねらいに合わせて用意する必要があります。例えば、ボール乗りあそびではビーチボールやバランスボールのような柔らかいボール、ボール弾ませあそびでは弾みやすいような硬い

ボール、というように、あそびの用途に合わせて選択すると良いでしょう。一般に使用されているボールの代表としては、0号球のドッジボール、0号球のソフトドッジボールなどが挙げられますので参考にしてみて下さい。

## 5.　ボールの数について

　ボール1個に対して子どもの人数が多い場合、1人当たりのボールに触れる回数・時間は少なくなってしまいます。そうなると、砂いじりなど他のあそびを始める子どもが出てくることが予想されます。特に、ボール操作の感覚づくりあそびの段階では、ボールに触れる時間と回数をより多く保障したいものです。また、ルールのあるボールゲームあそびの段階においても、ボール1個に対する子どもの数を少なく設定するなどの工夫が必要になることでしょう。今、子どもたちは何を楽しんでいるのか、という視点をベースにしながら、1人ひとりが主体的にボールと関われているのかを見定めながら、ボールあそびを進めていくことが必要なのではないでしょうか。

## 6.　ボール使用の時間・場について

　乳児クラスが遊んでいる園庭で幼児クラスがボールあそびをするというのは大変危険な状況にあります。安全な環境の下で、子どもたちがボールと触れ合う時間や場所を保障するためには、園やその周辺の環境をうまく利用する等の工夫が必要になります。乳児クラスがお昼寝をしている時間を利用して幼児クラスが園庭を使用したり、散歩へ行く時にボールを持っていき、近くの公園や広場でボールあそびをする等の工夫が考えられるでしょう。

## Ⅲ.　ボールあそびのねらい

〈できる〉
・ボールを自由に操作することができる。
・ボールの動きに対して予測・判断することができる。
・ボールを使った多様な動き（投げる・蹴る・転がす・つく・運ぶ・捕る・渡す等）ができる。
・ボールあそびを安全に行うためのルールを理解し守ることができる。

〈わかる〉
・ボールの特性がわかる。
・ボールを使った様々な動きの感覚がわかる。※例えば投げる感覚や蹴る感覚等
・友だちと一緒にボールあそびをすることの楽しさがわかる。
・様々なボールあそびのルールをわかって楽しむことができる。

〈学び合う〉
・友だちと協力しながら、みんなが楽しいルールに創り変え、さらに発展させていく。
・ボールあそびに必要な準備や片づけを友だちと一緒に行う。
・審判や得点係などの役割を分担し、子どもたちであそびを運営することができる。

## Ⅳ．年齢別のねらいとあそびの内容

※年齢区分はおおよその目安です。

| | 3 歳児のボールあそび | 4 歳児のボールあそび | 5 歳児のボールあそび |
|---|---|---|---|
| ねらい | ・色々な素材や大きさのボールに乗ったり掴んだり転がしたりしながら、ボールの感触を味わう。<br>・ボールを転がしたり投げたり追いかけ運んだりしながら積極的にボールと関わることを楽しむ。<br>・友だちと一緒にボールあそびを楽しむことができる。<br>・ボールを的にめがけて転がしたり投げたりして倒すことを楽しむ。 | ・ボールに様々な方法で働きかけて、ボールの特性や操作する楽しさを知る。<br>・簡単なルールのあるボールあそびを友だちと一緒に楽しむことができる。<br>・ボールあそびで引き出される様々な動きの感覚（投げる感覚・捕る感覚等）がわかる。<br>・ボール以外の手づくりおもちゃを作って飛ばしたり投げたりしてあそびを創り出して楽しむ。 | ・物や人の動きに対して予測・判断することができる。<br>・ボールを使った多様な動きをコントロールしながら行うことができる。<br>・ルールの必要性がわかり、みんなが楽しめるルールを創っていくことができる。<br>・チーム決めや作戦等を考え楽しむことができる。<br>・ボールあそびに必要な準備や片づけだけでなく、審判や得点係等も行うことができる。 |
| あそびの内容 | ①ボール乗りあそび（触れる）<br>　ビーチボールやドッジボール、バランスボールなど様々な素材や大きさのボールの上に座ったり、寝転がったりする。<br>②ボール運びあそび（運ぶ）<br>　体の色々な部分にボールを挟んで運ぶ。<br>③ボール転がし・追いかけあそび（転がす）<br>　坂道や滑り台の上から大小様々な大きさのボールを転がし、ボールを追いかける。<br>④ボーリングあそび（転がす）<br>　ペットボトルや缶のピンを並べて、少し離れた場所からボールを転がしてピンを倒す。<br>⑤輪投げ（投げる）<br>　新聞紙などで輪っかをつくり、的棒（コーン等）に向かって輪を投げ入れる。<br>⑥追いかけ玉入れ（投げる）<br>　保育者が段ボールを引っ張りながら逃げ、段ボールを追いかけて新聞を丸めたボールを入れる。 | ①ボール渡しあそび（渡す）<br>　頭の上や股の下等から後ろにいる友だちにボールを渡す。<br>②タオルキャッチあそび（捕る）<br>　タオルを丸めて直上に投げ上げ、落下してくるタオルをキャッチする。<br>③まりつき（1）（つく・捕る）<br>　「あんたがたどこさ」の歌のリズムに合わせてボールをつき、「さ」の時にボールを両手でキャッチする。<br>④小麦粉粘土投げあそび（投げる）<br>　小麦粉粘土を好きな大きさに丸めて、それを的にめがけて投げる。<br>⑤新聞棒投げあそび（投げる）<br>　新聞棒を魔法のほうきや槍（やり）に見立て、的にめがけて投げる。<br>⑥メンコあそび（1）（投げる）<br>　牛乳パックを用いてメンコをつくり、床に置かれた折り紙のメンコをひっくり返して遊ぶ。<br>⑦カップインボール（投げる）<br>　ライン上から 3 〜 5 mほど離れた洗濯おけの中にボールを投げ入れる。 | ①ジェット風船キャッチ（捕る）<br>　ジェット風船を飛ばして追いかけ、落下してくるジェット風船をキャッチする。<br>②まりつき（2）（つく）<br>　「あんたがたどこさ」の歌のリズムに合わせてボールをつき、「さ」の時に片足を振り上げてその下にボールを通す。<br>③ペットジャイロ投げあそび（投げる）<br>　ペットボトルで作った輪のおもちゃを投げる。<br>④メンコあそび（2）（投げる）<br>　2 人で順番に牛乳パックのメンコを投げて床に置かれた折り紙メンコをひっくり返し、より多くの折り紙メンコをひっくり返した方が勝ち。<br>⑤的あてあそび（投げる）<br>　紙や段ボールの的（対立物が描かれた的）に向けてボールを投げ、的を破る・倒す。<br>⑥ドーナツボール（投げる）<br>　ドーナツ型のラインを引き、真ん中に段ボールの的を置いてボールを投げて倒す。2 チーム（1 チーム 4 〜 6 人）に分かれて、先に的を倒した方が勝ち。 |

| あそびの内容 | ⑦新聞サッカー（蹴る）<br>新聞紙を丸めたボールをたくさん地面に置き、それをミニゴールの中に蹴り入れる。 | ⑧サッカーあそび（蹴る）<br>2チームに分かれ相手のコートにボールを蹴り入れる。より多くのボールを相手コートに入れたチームの勝ち。 | ⑦ドリブルあそび（蹴る）<br>ドリブルしながら進み指示された体の部位（足・手・おしり等）でボールを止める。 |
|---|---|---|---|

## 1.　3歳児のボールあそび

### （1）ねらい

・色々な素材や大きさのボールに乗ったり掴んだり転がしたりしながら、ボールの感触を味わう。

・ボールを転がしたり投げたり追いかけ運んだりしながら積極的にボールと関わることを楽しむ。

・友だちと一緒にボールあそびを楽しむことができる。

・ボールを的にめがけて転がしたり投げたりして倒すことを楽しむ。

### （2）あそびの内容

①ボール乗りあそび（触れる）

ビーチボールやドッジボール、バランスボールなど様々な素材や大きさのボールの上に座ったり、寝転がったりする。

②ボール運びあそび（運ぶ）

体の色々な部分にボールを挟んで運ぶ。

③ボール転がし・追いかけあそび（転がす）

坂道や滑り台の上から大小様々な大きさのボールを転がし、ボールを追いかける。

④ボーリングあそび（転がす）

ペットボトルや缶のピンを並べて、少し離れた場所からボールを転がしてピンを倒す。

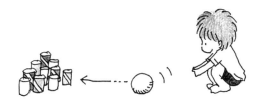

⑤輪投げ（投げる）

新聞紙などで輪っかをつくり、コーン等に向かって輪を投げ入れる。

⑥追いかけ玉入れ（投げる）

　保育者が段ボールを引っ張りながら逃げ、子どもが追いかけて新聞を丸めたボールを段ボールに入れる。

⑦新聞サッカー（蹴る）

　新聞紙を丸めたボールをたくさん地面に置き、それをミニゴール（段ボール）の中に蹴り入れる。

## 2.　4歳児のボールあそび

（1）ねらい

・ボールに様々な方法で働きかけて、ボールの特性や操作する楽しさを知る。

・簡単なルールのあるボールあそびを友だちと一緒に楽しむことができる。

・ボールあそびで引き出される様々な動きの感覚（投げる感覚・捕る感覚等）がわかる。

・ボール以外の手づくりおもちゃを作って飛ばしたり投げたりしてあそびを創り出して楽しむ。

（2）あそびの内容

①ボール渡しあそび（渡す）

　頭の上や股の下等から後ろにいる友だちにボールを渡す。

②タオルキャッチあそび（捕る）

　タオルを丸めて直上に投げ上げ、落下してくるタオルをキャッチする。

③まりつき（1）（つく・捕る）

　「あんたがたどこさ」の歌のリズムに合わせてボールをつき、「さ」の時にボールを両手でキャッチする。

「あんたがたどこ」　　「さ」

④小麦粉粘土投げあそび（投げる）

　小麦粉粘土を適当な大きさに丸めて、的にめがけて投げる。

⑤新聞棒投げあそび（投げる）

　新聞棒を魔法のほうきや槍（やり）に見立て、的にめがけて投げる。

【新聞棒のつくり方】

1．新聞紙（朝刊分程度の枚数を半分に折る）を横にして筒状に巻く（直径3cm程度×長さ55cmの棒）。

2．やりのふさ（縦20cm×横2cmの新聞紙を数枚セロハンテープで束ねる）を作る。

3．1の先端部分に2をセロハンテープで貼り付ける。

⑥メンコあそび（1）（投げる）

　牛乳パックを用いてメンコをつくり、床に置かれた折り紙のメンコをひっくり返して遊ぶ。

【メンコのつくり方】

　当てるメンコ（牛乳メンコ）：牛乳パックを縦5cm×横3cm程度に切って、二枚重ねにしてボンドやテープ等で貼り合わせる。※当てるメンコは硬くて重い紙（牛乳パック）の方がよい。

　当てられるメンコ（折り紙メンコ）：折り紙を2〜3cm程度の正方形に切る。※当てられるメンコはひっくり返りやすいように軽い紙（折り紙）を用いたほうがよい。

当てる方　　　　　　　　当てられる方

2枚重ねてテープでとめる

⑦カップインボール（投げる）

　ライン上から3〜5mほど離れた洗濯おけや段ボールを置き、その中にボールを投げ入れる。

⑧サッカーあそび（蹴る）

　2チームに分かれ相手のコートにボールを蹴り入れる。より多くのボールを相手コートに入れたチームの勝ち。

「あんたがたどこ」　　　「さ」

### 3.　5歳児のボールあそび

（1）ねらい

・物や人の動きに対して予測・判断することができる。

・ボールを使った多様な動きをコントロールしながら行うことができる。

・ルールの必要性がわかり、みんなが楽しめるルールを創っていくことができる。

・チーム決めや作戦等を考え楽しむことができる。

・ボールあそびに必要な準備や片づけだけでなく、審判や得点係等も行うことができる。

（2）あそびの内容

①ジェット風船キャッチ（捕る）

　ジェット風船を飛ばして追いかけ、落下してくるジェット風船をキャッチする。

②あんたがたどこさ（2）（つく）

　「あんたがたどこさ」の歌のリズムに合わせてボールをつき、「さ」の時に片足を振り上げてその下にボールを通す。

③ペットジャイロ投げあそび（投げる）

　ペットボトルで作った輪のおもちゃを投げる。

【つくり方】

　凹凸の少ない2リットルのペットボトルを10cm程度に輪切りし、切れ目の一方にビニールテープ（重しの役目）で三〜五重に巻く。

【あそび方】

　ビニールテープの巻かれている方を下にして、コップを持つような形で握る。コップの底の部分（ビニールテープが巻かれている側）を突き出すように投げる。うまく風に乗ると30m程飛ぶことがある。

④メンコあそび（2）（投げる）

　2人で順番に牛乳パックのメンコを投げて床に置かれた折り紙メンコをひっくり返し、より多くの折り紙メンコをひっくり返した方が勝ち。

⑤的あてあそび（投げる）

　紙や段ボールの的（対立物が描かれた的）に向けてボールを投げ、的を破く・倒す。

⑦ドリブルあそび（蹴る）

　足でドリブルしながら進み、指示された体の部位（足・手・おしり等）でボールを止める。

⑥ドーナツボール（投げる）

　ドーナツ型のラインを引き、真ん中に段ボールの的を置いてボールを投げて倒す。2チーム（1チーム4〜6人）に分かれて、先に的を倒した方が勝ち。倒す回数等を増やしたり、1人1回倒すというルールを加える、守備を入れる等で発展することができる。

## コラム ③ ドーナツボールは魔法のボール

ボールあそびの様子を見ていると、得意な子どもたちは楽しそうですが、苦手な子どもたちは消極的で楽しげではないですよね。特にキャッチするということが怖くて苦手という子どもが多いようです。ボールが飛んでくるというだけで、目をつむり体が硬くなります。これではうまく受けることができません。

そこで受けるということに焦点を当てた教材を作りました。形状が「ドーナツに似ている」という子どもたちの発言から、ドーナツボールと命名しました。100円ショップのオリジナル商品でプールスティックというものがあります。柔らかくて軽い素材で、水に浮くので水あそびの補助教材として使用します。下の図のような型紙を作り、台形に切りそろえ穴にppロープ（6mm程の直径の物）を通し輪っかにすれば完成です。

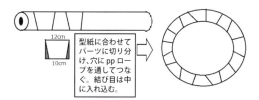

型紙に合わせてパーツに切り分け、穴にppロープを通してつなぐ。結び目は中に入れ込む。

12cm / 10cm

このボール（球ではないですが）は、受けやすい教材です。普通のボールのようには投げにくいので、うまくねらって投げるためには、フリスビー投げになります。そうすると回転しながら飛んでいくので、風圧がかかって押し戻されるような感じでスピードが減速されます。そして柔らかい素材なので指先に当たっても痛くありませんし、輪っかになっているため、自分の手元まで届けば、手が引っかかるので、まず落とす心配はありません。その安心感と、「ゆっくり飛んできて、あたっても痛くないので怖くない」と積極的に取り組みます。相手に上手に投げるには、力任せではな

く良い力加減で投げることが必要です。そのため、相手に対して優しい投げ方になります。ここが非常に大事なポイントだと思います。二人でのキャッチボールや三角コーンへの輪投げあそびなどを通して、上手に投げられ、受けられるようになってくると、自信もついてくるし、何よりも子どもたちが笑顔で遊べるようになります。また、室内だけではなく、屋外でのあそびになると、風の影響がより強くなるので、普通のフリスビー投げから縦投げなどの工夫が生まれてきます。すると、飛距離もスピードや回転力もうんと増します。しかし、子どもたちはドーナツボールに慣れているので、怖がらずに上手に受けることができるようになっています。

また、就学前の子どもは、自分の目線より高く飛んでくるボールを受けることが苦手ですが、このドーナツボールでは、フリスビー犬が追いかけて行ってキャッチするように、高く遠くに投げても子どもたちは、追いかけてキャッチできるようになるのがわかりました。

そして、4、5歳児の実践では、ポートボール型とフラッグフットボール型に発展させて楽しむことができました。今後ドーナツボールの進化形としては、同じ素材でボール（球）状の教材を作って、ボールあそびから球技へつなぐ教材として確立できればいいなあと思っています。

# 6 なわあそび

## 1. 教材について〜なわあそびに どう出会わせるか〜

　なわとびと言えば、学校教材としての「短なわ」や「長なわ」をイメージされるかと思いますが、初めて「なわ」に触れる幼児期の子どもたちに、「短なわ」や「長なわ」とどう出会わせるのか、ということについて考えてみたいと思います。まずは、長なわについて、発達の観点から考えてみましょう。なわくぐりのあそびをしている場面で、子どもがなわの動きを全く見ていないということがあります。なわに当たることを恐れて目をつぶりながら走ってくぐり抜けている子どもがいます。これは、動いているものを捉え、その動きを予想することが未発達であると考えられます。そのような子どもにとっては難しい課題であると言えます。特に、子どもは大人に比べて視界が狭いとも言われています。なわの動きが予想できないため、大人の合図だけを頼りにくぐり抜けることが果たして子どもにとって楽しい活動になっているのか、考え直す必要がありそうです。

　また、短なわは、体力づくりの一環として扱われやすい教材であるため、より多くの回数を求め、できた技や回数によってなわとびカードにシールを貼るなどの取り組みが行われることが多いように見受けられます。体力づくりの一環になった背景は、おそらく、なわという運動そのものが、運動強度の高い教材であるからだと考えられます。少し跳ぶだけでもかなりの運動量が消費されるわけですから、体力向上を目的とした運動としては優れた教材と言えるかもしれません。しかし、運動が苦手な子どもにとっては、「しんどい」あそびとなってしまい、「やりたくないのにやらされる」活動になってしまうことも考えられます。

　初めて出会う「なわあそび」を子どもにとって魅力的でワクワクドキドキするようなあそびの1つとして伝えていくためには、私たちが持つなわあそびの固定概念を見直し、子どもにとっておもしろいあそびを考える必要がありそうです。

　なわは、跳ぶだけでなく、しっぽとりのしっぽや綱引き、なわでお絵描き、結ぶ・解く、ブランコ、ターザンロープ等、様々な使い方ができ、あそびを広げることができます。このようになわを様々に操りあそび込む中で、なわの素材や特性がわかったり、なわをうまく操作することができるようになったり、またなわを用いた体をコントロールする力が育まれていきます。

　子どもの発達を踏まえたなわあそびを考える場合、なわを跳ぶ前の段階として、「なわを使ったあそび」を存分に味わい、簡単なあそびから、少しずつ難しいあそびへと発展させていくような指導が求められるでしょう。

## Ⅱ．なわあそびの進め方と
　　指導上の留意点

### 1.　短なわと長なわのどちらを先に教えるのか

　なわに関して、保育者からたびたび質問されるのが、「短なわと長なわのどちらを先に教えるか」ということです。これは、なわあそびで「何を子どもたちに教えたいのか」「子どもたちはなわあそびの何を楽しいと感じるのか」という視点で考える必要があります。幼児期の子どもたちは、色々なことに興味を持ち、少し難しいことに挑戦したがったり、新しいあそびを考える天才です。ですので、どちらが先というよりも、どちらもそれぞれの面白さがあるので、両方の面白さを伝えるために、「両方を並行して伝えていけばいいのではないか」というのが私の考え方です。例えば、短なわとびでは、前とびで足をグーチョキパーの順で跳んでみたり、片足ケンケン、その場で一周をぐるっとまわるなど、１つの跳び方でも様々なバリエーションが考えられます。これらの技に名前をつけたり、音楽に合わせて跳ぶなど、表現としてのあそびも考えられます。

　また、長なわとびでは、郵便屋さんや大波小波等が有名ですが、歌に合わせたり、回し手と息を合わせながら跳ぶことの心地良さを味わいやすいあそびと考えられます。このように短なわとびと長なわとびはそれぞれの面白さがあります。共通する部分としては、短なわとびでは、「なわを回しながら跳ぶ」、長なわとびでは、「なわを見ながら（回し手のスピードに合わせながら）跳ぶ」というように、いずれも「〜しながら〜する」という２つのことを合わせる動きがあることです。

　それぞれのもつ面白さを存分に味わえるように、そして、子どもたちが自らあそびを膨らませていくことができるような活動をするために、今の子どもたちにとって、どちらが相応しいのかを考え、選択することが大切なのではないでしょうか。

### 2.　なわの素材について

　なわあそび用のなわにも色々な種類がありますが、ここでは代表的なものを３つ紹介します。あそびの内容に合わせて素材を選ぶようにしましょう。

#### ①取っ手のないロープのなわ

　幼児期の子どもたちには、跳ぶ以外のあそびも考えられますので、取っ手のついていない、一般的なロープをおすすめします。ホームセンター等で比較的安く購入できる「クレモナロープ」は、ロープの中で代表的なものです。強度も高く、長さも自由に変えられ、非常に便利なロープです。インターネット等で調べてみて下さい。一度は見たことがあるロープだと思います。

#### ②取っ手のあるビニール製のなわ

　一般に知られているのは、100 円ショップでも購入できるビニール製で取っ手のついたなわです。これは、なわとび用に作られたものですので、使いやすく、難度の高い技を行うのに適していますが、当たると痛いというデメリットが挙げられます。

#### ③三つ編みなわとび

　三つ編みができるようになる５歳児くらいになると、子どもが自分で編んで作ること

ができるのが「三つ編みなわとび」です。色の違う三本の細長い布を用意し、それを三つ編みにしてなわとび用のなわにすることができます。当たっても痛くないですし、空気の抵抗を受けやすいので、回した時に比較的ゆっくりな動きになります。また、子どもが自分で作ることができるので、愛着をもちながらなわあそびを楽しむことができます。

　何を教えたいか、どのようなあそびをするのかを考え、それに合わせてなわの素材を選ぶことが大切です。

## III．なわあそびのねらい

〈できる〉
・なわを自由に操作して遊ぶことができる。
・なわに積極的に関わって遊ぶことができる。

・新しいなわあそびを創り出したり創り変えたりしながら楽しむことができる。
・なわの動きを予測し、スピードに合わせて跳ぶことができる。

〈わかる〉
・なわの性質や特性、扱い方がわかる。
・なわあそびの面白さがわかる。
・短なわとびや長なわとびの回し方や跳ぶリズムがわかる。
・回っている長なわの中に入るタイミングがわかる。

〈学び合う〉
・友だちと一緒になわあそびを楽しむことができる。
・なわあそびの技を友だちに教えたり教えてもらったりしながら、集団で学び合うことができる。

## IV．年齢別のねらいとあそびの内容

※年齢区分はおおよその目安です。

| | 3歳児のなわあそび | 4歳児のなわあそび | 5歳児のなわあそび |
|---|---|---|---|
| ねらい | ・なわに慣れてなわあそびの楽しさを知る。<br>・なわを使ったあそびを友だちと一緒に楽しむ。<br>・なわあそびに積極的に関わって遊ぶことができる。<br>・なわを使った様々なあそび方を知る。 | ・なわを使った様々なあそびを友だちと一緒に楽しむ。<br>・歌に合わせて長なわとびを跳ぶことができる。<br>・リズミカルに跳ぶことを楽しむ。<br>・短なわとびの回し方がわかる。 | ・なわを使って様々なあそびを創り出したり創り変えたりすることができる。<br>・友だちと一緒になわあそびを楽しみ、教え合いができる。<br>・長なわとびの入るタイミングがわかり、リズミカルに跳ぶことができる。<br>・短なわとびの跳び方がわかり、様々な技を考え楽しむことができる。 |
| あそびの内容 | ①なわでお絵かき<br>　地面になわを置いてなわでお絵描きをする。<br>②なわ結び・なわほどき<br>　なわを地面に置いたり手で持って、結んだりほどいたりする。 | ①あんたがたどこさ<br>　2本のなわの内側で歌に合わせて両足ジャンプをし、「さ」の時になわの外側にジャンプをする。<br>②なわ投げ（2人組）<br>　1人がなわを投げ、もう1人がキャッチをする。 | ①チビなわ投げゲーム<br>　小さめの段ボールを台の上に載せ、チビなわを投げて倒すゲーム。<br>②あんたがたどこさ（2人組）<br>　2人組で向かい合わせに立ち、2本のなわの内側で歌に合わせて両足ジャンプをし、「さ」の時に外にジャンプする。 |

| あそびの内容 | ③うさぎとかめ<br>　高さの違う２本のなわを跳び越えたり、くぐりぬける。<br>④なわ投げ<br>　なわを結んでボールをつくり的あてをする。<br>⑤しっぽとり<br>　なわのしっぽでしっぽとりをする。<br>⑥なわわたり<br>　なわの上をバランスをとって歩く。<br>⑦ケンパ<br>　なわで円をつくりケンパをする。 | ③しゃがんで跳んで<br>　様々な高さのなわを跳んだりしゃがんでくぐり抜ける。<br>④長なわ跳びこし<br>　ヘビ・小波・大波などを跳ぶ。<br>⑤ひっぱりっこ・つな引き<br>　なわの引っ張り合いをする。<br>⑥リボンダンス<br>　新体操で使用するリボン（手づくりのストロースティック）を使って曲に合わせて踊る。<br>⑦うずまき<br>　保育者が円を描くように回すなわを子どもたちが跳ぶ。<br>⑧チビなわ投げ<br>　両端を結んで結び目をつくり、片方の結び目を持って、下から上に向けてくるくる回し、前方に飛ばす。 | ③おはなしなわとび<br>　お話に合わせて様々な動きのなわを跳び越える。<br>④宇宙ロケット<br>　保育者が頭の上で長なわを回し子どもたちがそのなわをくぐる。<br>⑤なわの伝承あそび<br>　大波小波・郵便屋さん<br>⑥短なわとび前とび<br>⑦フープとび<br>　フープを使って前まわしとびをする。<br>⑧歩きなわとび<br>　歩きながら前まわしとびをする。<br>⑨走りなわとび<br>　走りながら前まわしとびをする。<br>⑩短なわとび技発明<br>　短なわとびで様々な跳び方を考え技を発明する。<br>⑪短なわとびの連続技<br>　短なわとびの技をつなげて連続技づくりをする。 |
| --- | --- | --- | --- |

## 1.　３歳児のなわあそび

### （1）ねらい

・なわに慣れてなわあそびの楽しさを知る。
・なわを使ったあそびを友だちと一緒に楽しむ。
・なわあそびに積極的に関わる。
・なわを使った様々なあそび方を知る。

### （2）あそびの内容
#### ①なわでお絵かき

　地面になわを置いて、動物や食べ物、乗り物等の形をなわで表現して楽しむ。あてっこをする等のアレンジもできる。

#### ②なわ結び・なわほどき

　なわを地面に置いたり手で持って、結んだりほどいたりすることを楽しむ。

#### ③うさぎとかめ

　高さの違う２本のなわをうわぎになって跳び越えたり、かめになってくぐりぬける。

④なわ投げ

　なわを結んでボールをつくり、それを投げて的あてをしたり、的に投げ入れる。

⑤しっぽとり

　なわを適当な長さにして、一方を結び、結び目のある方をズボンに入れてしっぽとりをする。結び目のある方をズボンに入れることで、しっぽをとられたことがわかりやすい。

⑥なわわたり

　なわを地面に置いて、橋などに見立てて、落ちないようにそーっとバランスをとりながらなわの上を歩く。グルグルコースやぐねぐねコースなど、子どもたちが自由な発想でコースづくりをすることも楽しい。

⑦ケンパ

　なわを使って円を描き、片足でケンケンをしながら進んだり、二つの円を隣合わせにして、同時に両足をつく（「パ」）。

## 2.　4歳児のなわあそび

（1）ねらい

・なわを使った様々なあそびを友だちと一緒に楽しむ。

・歌に合わせて長なわとびを跳ぶことができる。

・リズミカルに跳ぶことを楽しむ。

・短なわとびの回し方がわかる。

（2）あそびの内容

①あんたがたどこさ

　二本のなわの内側で歌に合わせて両足ジャンプをし、「さ」の時になわの外側にジャンプして着地する。※「あんたがたどこさ」＝中・中・中・外のリズム

　ケンパバージョン（中は片足ケンケン、外は両足でパ）や外側から始めるなど（外外外中）のアレンジもできる。

「あんたがたどこ」　　　　「さ」

②なわ投げ（2人組で投げっこ）

　1人がなわを投げ、もう1人がそれをキャッチする。

③しゃがんで跳んで

　保育者が様々な高さのなわを持って走り、子どもがなわの高さに合わせて跳んだりしゃがんでくぐり抜ける。

④長なわ跳びこし

　よこヘビ・たてヘビ・小波・大波など。

⑤ひっぱりっこ・つな引き

　2人組でなわを引っ張り合いする。2対2、3対3等、人数を増やすこともできる。

⑥リボンダンス

　曲に合わせて腕を大きく横に振って弧を描いたり、腕をグルグル回して大きな円や小さな円を描いたりしながら遊ぶ。肩・肘・手首を使って様々なリボンの表現を楽しめるようにする。季節に合わせた曲やクラスで人気の曲を選曲するのもよい。

※腕の各関節を回す感覚あそびは、短なわ跳びでなわを回す動きにつながる。

【りぼんの作り方】

　ストロー（わりばし等）にすずらんテープ（1〜2m程度）をセロハンテープなどで貼り付ける。

⑦うずまき

　保育者が円を描くように回すなわを子どもたちが跳ぶ。はじめは1人から、少しずつ慣れてくると人数を増やす。回し手を保育者から子どもに移行していく。

⑧チビなわ投げ

　両端を結んで結び目をつくり、片方の結び目を持って、下から上に向けてくるくる回し、前方に飛ばす。手を放すタイミングがうまくいくと前に飛ぶ。遠くへ飛ばしたり、的に目がけて投げる等、様々なアレンジができる。

## 3.　5歳児のなわあそび

（1）ねらい

・なわを使って様々なあそびを創り出したり創り変えたりすることができる。

・友だちと一緒になわあそびを楽しみ、教え合いができる。

・長なわとびの入るタイミングがわかりリズミカルに跳ぶことができる。

・短なわとびの跳び方がわかり、様々な技を

考え楽しむことができる。

（2）あそびの内容

①チビなわ投げゲーム

　小さめの段ボールを台の上に載せ、チビなわを投げて的を倒すゲーム。チーム対抗戦で、どちらのチームが先に的を倒せるかを勝負したり、的をペットボトルや牛乳パックにして、複数置き、どちらがたくさん的を倒すかを勝負する等、子どもの人数等に合わせてルールを工夫する。

②あんたがたどこさ（2人組）

　2人組で向かい合わせに立ち、2本のなわの内側で歌に合わせて両足ジャンプをし、「さ」の時に外にジャンプする。友だちと息を合わせて跳ぶ楽しさを味わう。なわを十字にして、友だちと向かい合わせに立ち、あんたがたどこさの歌に合わせて横跳びをし、「さ」の時に前後跳びにするなどのアレンジもできる。向かい側で跳ぶ友だちとは左右が交互になるように跳ぶと、「さ」の時にぶつからない。

③おはなしなわとび

　お話に合わせて様々ななわの動きを跳び越えるあそび。お話を自由に変えながら、2人組や3人組で跳び越えるなどアレンジしながら、子どもたちに合ったあそびになるよう工夫する。

【お話】むか～しむかし、あるところに、小さな小さな川が流れていました。子どもたちはそれをぴょんと跳び越えることにしました。

　あれ？　雨が降ってきました。すると～川が少し大きくなってきました。

　どんどんどんどん雨が降ってきて、波がでてきました。

　どんどんどんどん雨が降ってきて、大きな大きな波ができました。

④宇宙ロケット

　長なわの片方に結び目をつくり、重りにしてそれを保育者が頭の上で回す。子どもたちは、そのなわに当たらないように外側から中（保育者の足もと）に入ったり、逆に中から外側にくぐりぬける。「発射準備しま～す」の合図で、中に入り、「ロケット発射～！」の合図で外に出る。慣れるまではできるだけゆっくりと回すとよい。

⑤なわの伝承あそび
〈大波小波〉
♪おおなみこなみでひっくり返ってあっぷっぷ♪
　歌詞は地域によって違うようだが、ここで紹介した歌詞は関西でよく歌われている。

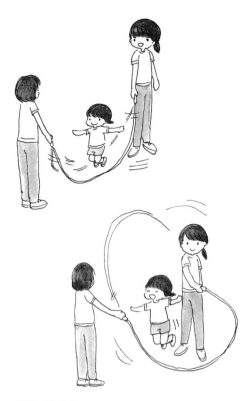

〈郵便屋さん〉
♪郵便屋さん　おはようさん　ハガキが10枚落ちました　拾ってあげましょ1枚2枚3枚4枚5枚6枚7枚8枚9枚10枚　ありがとさん♪

⑥短なわとび前とび
　なわを体の後ろに置き、前に回して足元になわがきたらポンと跳ぶ。はじめは、1回跳ぶことを目標とし、少しずつ回数を増やしていく。1回まわしで2回跳ぶ（トントン跳び：1回旋2跳躍）方が跳びやすい子どもと、1回まわしで1回跳ぶ（1回旋1跳躍）方が跳びやすい子どもがいるので、個々に合わせてやりやすい方法を見つけることが大切である。
　また、前まわしがわからずに、後ろまわしをする子どもがいる時は、まずは、なわを跳ぶことが楽しいと感じることを大切にする。

【なわの長さ】
　一般に、なわの長さは両足でなわを踏んで、肘が90度になるくらいが良いとされている。この長さは比較的短く感じることが多いようだが、長いと操作しにくい場合があるので、少し短いと感じる程度で、子どもの跳ぶ姿をよく観察し、子どもに合った長さに調整することが大切である。

⑦フープとび
　フープはなわと違ってなわが揺れたり暴れることがないため、「回旋しながら跳ぶこと」がわかりやすい。胸の前でフープを持ち、少しずつフープを下に向けて地面に着きそうになると同時にピョンと跳ぶ。

⑧歩きなわとび
　なわを体の後ろに置き、歩きながらなわを前に回して足元になわがきたら跳び越える。

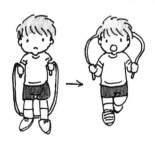

⑨走りなわとび

　歩きなわとびができるようになると、次は走りながら跳び越える。

⑩短なわとび技発明

・グーチョキパー跳び

　前とびで足をグー・チョキ・パーにして跳ぶ。1回旋1跳躍、1回旋2跳躍、どちらでもよい。

　♪グーチョキパー♪の手あそび歌に合わせて跳ぶのも楽しい。

　♪グーチョキパーでグーチョキパーで　なにつくろう　なにつくろう　グーグーとびと　パーパーとびで　グーパーとびー　グーパーとびー♪

・ケンケン跳び

・地球回り跳び（その場で一周回る）

※発明技に名前をつけて、クラスに広げていくことも楽しい。

⑪短なわとびの連続技

　子どもたちが考えた発明技を繋げて連続技づくりをする。歌に合わせて跳ぶことで、リズミカルに跳ぶ楽しさを味わえる。

　例）グーグー→チョキチョキ→パーパー→ケンケン→地球回り→終わりのポーズ

## コラム ④ 伝承あそび "あやとり" "二人手あそび"

一口に「伝承あそび」と言っても、おにごっこや、はないちもんめなどの集団あそびから、お手玉などの道具を操作するもの、竹馬や天狗下駄などの姿勢を制御するあそびなどたくさんあります。過去から現在へ、世代を超えて受け継がれてきたあそびですので、それぞれのあそびに魅力がたっぷり詰まっています。どのような時代背景であそびが生まれ、その当時、子どもたちがどのように遊んでいたかに思いを馳せるとともに、行うときは、祖父から孫へ、大人から子どもへと世代を超えた交流を大切にしながら行いたいものです。ここでは、昔ながらのあそびの中から "あやとり" と "二人手あそび" を紹介します。

あやとりは、一人でも、二人以上でも遊ぶことができますが、ぜひ挑戦してもらいたいものが2つあります。その1つが "二人あやとり" です。「かわ（川）」からスタートし、二人でどんどん形を変えながらとり合うあそびです。二人でとり合うと、とてもわくわくどきどきします。また、人によっては思いもよらないとり方をしたり、思いもよらない形になったりすることもあります。初めて出会った形をどうとるか、またわくわくどき

どき！　うまくなると、その変化を一人あやとりで行うこともできます。ぜひ「一人あやとり」でも調べて、挑戦してみて下さい。

もう1つは、"あやとりの連続技" です。マットあそびや鉄棒あそびでも連続技に挑戦する子どもたちがいますが、あやとりも王道の連続技があります。「ゴムゴム」から始まり、途中「すべり台」や「カメ」になり、最後は「うまのしっぽ」から「手品（指ぬき）」で終わります。1つひとつがイメージしやすい形で順番にできます。他にも色々な単体技や連続技があるので、子どもたちと一緒に研究するのも楽しいです。

次に、"二人手あそび" です。手あそびうた「おもちつき」（地域によって色々な題名、歌詞あり）に合わせて、一人は歌に合わせて拍をとり続け、もう一人は相手の手に当たらないように色々な動きを行います。♪おしょうがつのおもちつき「ぺったんこ」「おっこねて（ひっこねて）」「とっついて」「シャンシャンシャン（トントントン）」の歌詞に合わせて行います。二人でしっかり息を合わせてできるようにしましょう。また、わらべ歌の歌詞や出てきた動きなどの意味にも触れながら行うとよいでしょう。

# 7 新聞紙あそび

## 1. 教材について

　人間は他の動物とは違い道具を使います。チンパンジーでも木の枝のような道具は使いますが、さらに自分で道具を創り出すことができるのは人間だけです。生まれてから子どもたちは、手が自由に使えるようになると、色々な物を持って、振ってみたり、投げてみたり、その重さや感触を確かめるようなあそび（動き）をします。机や床の上に置かれた新聞紙や広告紙を手にすると、すべらせたり、振ってみたり、手でシワシワにしたりします。子どもたちは、自分の思うように形を変えることのできるおもちゃ（道具）が大好きです。形の変えることのできるおもちゃは、そこからさらに新しいもの、新しいあそびを生み出すからです。子どもたちの身近には、土や粘土、布やヒモなど形を変えられる物もたくさんありますが、新聞紙は子どもたちにとって、最初の頃に出会う "形を変えることのできるおもちゃ" の1つです。

　新聞は、もともとは読む物であり、本来運動あそびに直接関わるものではありません。しかし、その使い方によっては、この本で述べてきたような運動あそびのねらいを達成できる可能性を持つ材料です（例えば新聞紙を丸めてボールを作ることもできます）。ここでは新聞紙を用いた運動あそびのいくつかを示しますが、それを別の運動あそびと組み合わせても良いでしょう。例えば「マットあそび」の際に、畳んだ新聞紙を頭の上に乗せて

マットの上を歩き、バランス感覚を身につけたり、「かけっこ」では新聞紙を腕や体にくっつけて走り、走るスピードを調節する力を身につけたりもできます。「ボールあそび」では、ボールの代わりに新聞紙のボールを用い、同じような運動あそびをすることも可能です。もちろんゴムのボールとは感触が違いますが、突き指をしそうなのでゴムのボールの扱いが苦手な子どもが新聞紙のボーであれば上手に扱える場合もあります。また、雨の日に室内で新聞紙のボールを使えば、窓ガラスを割ることもないでしょう。新聞紙を用いることで、子どもたちの運動あそびに広がりを持たせることもできるでしょう。

　新聞紙は運動あそびだけでなく様々なあそび（例えば工作あそび）の材料として用いることが可能です。そのような新聞紙にはあそびの用具（材料）として、次のような特徴が考えられます。（1）たくさんの数が用意できる。（2）色々な形に作り変えることができる。このことは、運動あそびの用具（材料）としても同様ですし、これらのことを生かすように考えると「新聞紙を用いた運動あそび」をより豊かにすることができるでしょう。再生可能な資源として「もったいない」ということも子どもたちと一緒に考えながら、新聞紙の有効な活用を考えることができればと思います。

　道具を使う運動あそびにも様々なものがあります。それらの多くは、既成の道具を用いて行うことが多いです。「新聞紙を用いた運動あそび」は、新聞紙を運動あそびの道具と

して考えて（見立てて）活用したり、道具を自分で作り出さなければ遊ぶことができません。新しい考え方や新しい道具を生み出せば、さらに新しいあそびを創り出せる可能性もあります。後に示すものだけでなく、新聞紙を有効に活用すれば、新しい道具、新しいあそびを創り出すことができ、さらに子どもたちのあそびの可能性を広げることができるでしょう。

## Ⅱ．新聞紙あそびの進め方と　　指導上の留意点

　新聞紙を運動あそびの用具（材料）として使う時、以下のように分けて考えることができます。また、以下のような順序で使うと無駄が少なく、次々に形を変えて同じ新聞紙を多くの用途に使うことができます。
　1．やぶらずに使う。
　2．やぶらないように力を加減して使う。
　3．どんどんやぶって使う。
　4．色々な道具を作って使う。
　上に示した 1．〜 4．は、「1．のあそびを基礎にして 2．に進む」というように指導の順序を示すものではありません。この 1．→ 2．→ 3．→ 4．の流れで行うと新聞紙を上手く（無駄なく）活用できます。またこの順序は「比較的単純な動きからより複雑な動きへ」というように並んでいます。新聞紙に少しずつ慣れていくにはこの順序が良いかもしれません。読者のみなさんのアイデアをさらに取り入れながら保育を進めてほしいと思います。
　先にも述べたように、またこの後にも新聞紙あそびを色々と示します。新聞紙を用いれば、ボールあそびもできますし、おにごっこ

もできます。ボールあそびやおにごっこについては、この本のその保育の進め方や留意点について、それぞれの運動あそびのページも参考にして下さい。

## Ⅲ．新聞紙あそびのねらい

〈できる〉
・めくる、丸める、やぶるなどの手先の動きができる。
・体のバランスを保つ、走る、止まる、曲がる、跳ぶなどの動きができる。
・新聞紙で作った道具を使い、投げる、打つ、振るなどの動きができる。
・新聞紙で作った道具（例えばボールやフライングディスク）や友だち（新聞紙を使ったおにごっこで）の動きを予測・判断することができる。

〈わかる〉
・新聞紙は 1 枚だと軽く、枚数が多いと重いことがわかる。またやぶる方向によって、簡単にやぶれたり、やぶれにくかったりすることがわかる。
・折ったり、丸めたりし、色々な形を作り出せることがわかる。また色々な道具を作り出せることがわかる。
・様々なものに見立てることができることがわかる。

〈学び合う〉
・様々な動きをする中で、自分が友だちの手本になったり、友だちを手本にしたりし、お互いの動きをよく見合う。
・友だちと一緒に、新聞紙を折ったり、丸めたり、道具を作ったりする。
・友だちの作った物をまねて作ったり、その使い方をまねたりする。

・お互いに作った道具や考えた動きやあそびに名前をつけて、お互いの考えを共有する。

## IV．年齢別のねらいとあそびの内容

※ここに示す年齢はおよその目安です。実際に運動あそびを行う際は、各園の子どもの様子・実態に合わせて、ねらいや内容を考えてみて下さい。また3歳児に示されているものでも、5歳児が行っても楽しくできるものもあります。これも各園の子どもの様子・実態に合わせて、行ってみて下さい。

| | 3歳児の新聞紙あそび | 4歳児の新聞紙あそび | 5歳児の新聞紙あそび |
|---|---|---|---|
| ねらい | ・新聞紙という素材に親しむ。<br>・めくる、丸める、やぶるなどの手先の動きができる。丸めてボールを作ることができる。<br>・新聞紙を使った簡単な動きができる（新聞紙の上に立つことができる、床に置いた新聞紙から隣の新聞紙にまたいで移動することができる、新聞紙を頭に乗せて歩くことができる、走る勢いで体にくっつけるようにして新聞紙を落とさないように走ることができる、新聞紙のボールを投げたり、蹴ったり、受けたりできる、等）。<br>・友だちと一緒に、新聞紙のボールを投げ合ったり、蹴り合ったりすることができる。 | ・新聞紙を使って、ボールや棒等の道具を作ることができる。<br>・新聞紙を使って、友だちと一緒に、いくつかのおにごっこができる。<br>・新聞紙のボールを使って、投げたり、受けたり、蹴ったりできる。<br>・新聞紙を使って、その上に乗ったり、跳んだり、低いハードル走のように走ったりすることができる。<br>・広げて持ってもらった新聞紙を体でやぶったりすることができる。<br>・友だちと新聞紙のボールをキャッチボールしたり、蹴り合ってパスができる。 | ・新聞紙を使って、ボール、輪、棒、フライングディスク等を作ることができる。その作った道具を使っていろいろなあそびができる。<br>・新聞紙のボールでキャッチボールができる。野球型のあそびができる。<br>・新聞紙の輪や棒を使って輪投げあそびができる。<br>・作ったボール、棒、フライングディスクを使って、まと当てあそびができる。<br>・新聞紙を使って、新しいあそび道具を作ることができる。またそれを使って、友だちと新しいあそびを考え出すことができる。 |
| あそびの内容 | ①新聞紙をかぶってかくれんぼ。<br>②新聞紙を手のひらや頭に乗せて、バランスをとって歩く。<br>③新聞紙を腕に、体に張り付けるようにして走る。<br>④新聞紙の上に乗る。新聞紙をたたんで、だんだん小さくして、その上にバランスをとって乗る。<br>⑤新聞紙を2枚持って、1枚の上に乗って、隣にもう1枚置いて、そこにまたいで移動する。<br>⑥新聞紙を丸めてボールを作り、投げたり、手ではじいたりする。 | ①新聞紙の上に2人ずつ乗って2人対2人でジャンケン。負けたら、新聞紙の大きさを半分に。<br>②新聞紙の上に乗って、グループで新聞紙の島を渡る。<br>③新聞紙で作ったしっぽを取ったり、足に付けたしっぽを踏んだりするおにごっこ（しっぽ取り、しっぽ踏み）。<br>④新聞紙で作った服をやぶるおにごっこ。<br>⑤新聞紙で作ったボールでキャッチボールしたり、当てっこしたりする。 | ①手で新聞紙をできるだけ長くちぎれないように切る（リンゴの皮むきのように）。<br>②新聞紙のボールの当てっこ（ドッジボールのように）。<br>③ボールを足で蹴る（サッカーのように）。<br>④友だちに新聞紙を持ってもらって、新聞紙の壁をゴムのボールでやぶる。<br>⑤ボールと棒を使って、野球あそび。<br>⑥ボールと棒と輪を使って、ゴルフあそび。<br>⑦棒と輪を使って、輪投げあそび。 |

| あそびの内容 | | |
|---|---|---|
| ⑦新聞紙のボールを蹴る（置いてあるボールを蹴る）。 | ⑥新聞紙で作った棒をやり投げのようにまとにめがけて投げる。<br>⑦新聞紙の端を持って、新聞紙の上に乗って自分でジャンプ。<br>⑧保育者に新聞紙を引っ張ってもらってジャンプ。<br>⑨友だちに新聞紙を持ってもらって、ハードルを作ってもらってハードル走。<br>⑩友だちに新聞紙を持ってもらって、新聞紙をやぶる。 | ⑧棒とビニール袋の風船で、風船を落とさないように棒ではじく。<br>⑨棒や輪を並べて、道を作り平均台のように歩く。大きな輪を作ってケンパあそび。<br>⑩フライングディスクを作って、投げる、まと当てあそびをする。 |

※以下「新聞紙1枚」という場合は、いわゆる新聞紙の見開き2ページ分の、最も大きなサイズ（約、縦55㎝×横81㎝）のことを示します。

## 1.　3歳児の新聞紙あそび

### （1）ねらい

・新聞紙という素材に親しむ。

・めくる、丸める、やぶるなどの手先の動きができる。丸めてボールを作ることができる。

・新聞紙を使った簡単な動きができる（新聞紙の上に立つことができる、床に置いた新聞紙から隣の新聞紙にまたいで移動することができる、新聞紙を頭に乗せて歩くことができる、走る勢いで体にくっつけるようにして新聞紙を落とさないように走ることができる、新聞紙のボールを投げたり、蹴ったり、受けたりできる、等）。

・友だちと一緒に、新聞紙のボールを投げ合ったり、蹴り合ったりすることができる。

### （2）あそびの内容

#### ①新聞紙をかぶってかくれんぼ

子どもたちは床に小さくうずくまり、上から布団のように新聞紙1枚をかぶり、できるだけ姿を隠します。まず、保育者が後ろを向いている間に子どもたちは新聞紙の下に隠れます。保育者の「もーいいかい？」の声の後、保育者が子どもの名前を当てていきます。保育者は「○○ちゃん見いつけた」と隠れた子どもの名前を当てていきます。わからない時は「ヒントちょうだい」と言って「少しだけ頭（足、手）を見せて！」などの声をかけます。さらに子ども同士、赤・白チームに分かれ、同様に相手チームの友だちの名前を当てたりします。

中の図

外からの図

#### ②新聞紙を手の平や頭に乗せて、バランスをとって歩く

新聞紙1枚をB5サイズ（ノート）ぐらいの大きさに折り、片方の手の平に（握らないで）乗せます。「手の平の上にお盆やお皿を乗せているつもりで」と声かけをしながら、まずゆっくり歩き、次に早歩き、ゆっくり走るとスピードを上げていきます。少し慣れてきたら、保育者が子どもたちを「待て待て」とゆっくり追いかけたりします。子どもたち

は新聞紙を落とさないように逃げます。さらに慣れてきたら（4、5歳になってきたら）、自分の新聞紙を落とされないようにしながら、友だちの新聞紙をもう片方の手で落としたりします。赤・白チームに分かれて落としっこもしてみましょう。頭の上に乗せて歩けたら、線の上、縄の上やマットの上も歩いたりしてみましょう。

③新聞紙が腕に、体に張り付くように走る
※前をよく見て、広い場所でしましょう。自分の新聞紙ばかりを見て走って、人や物にぶつからないようにくれぐれも注意！

　これは新聞紙半分の大きさを使います。まず、片方の腕に新聞紙を掛けます。手で新聞紙を握らないようにして、落とさないように走ります。慣れてきたら両腕に新聞紙を掛けて、鳥や蝶々になって走ってみましょう。次はお腹に新聞紙を当てて走ります。脇で新聞紙を挟まないようにバンザイして走ります。走る勢いで新聞紙を落とさないようにして走ります。

④新聞紙をたたんで、だんだん小さくして、その上にバランス立ち

　新聞紙1枚を大きく床に広げ、その上に1人ずつ立ちます。次にその新聞紙を半分に折り、またその上に乗ります。さらに新聞紙を半分・半分…にしながらその上に乗ります。どんどん小さくなり、片足で乗る、つま先で乗るというようにバランスをとって立ち続けます。新聞紙が小さくなり、乗れなくなるまで続けます。年齢が上がりジャンケンができるようになれば、保育者と子どもたちでジャンケンして、負けたら半分にしていくのも良いでしょう。保育者と子どもの代表がジャンケンしても良いし、保育者と全員の子どもがジャンケンし、負けた子どもだけが半分にしていくこともできます。

⑤新聞紙の島渡り（1人で、グループで）
※新聞紙の上で滑らないように気をつけて！

　新聞紙1枚を半分に切り、片方を片手に持ち、もう1枚を床の上に広げて置いて、その上に立ちます。進む方向を決めて、その方向（前方）に手に持った新聞紙を、今立っている新聞紙から少し離して、床の上に広げて置きます。滑らないように気をつけて、前方に置いた新聞紙の上に移動します。そして、さっき乗っていた新聞紙を手で取ってまた前方に送り、これを繰り返し、目標に向けて前進して行きます。新聞紙の島から落ちると、ワニやサメがいるかもしれないので、気をつけて！　でも少し急いで渡ります。

⑥丸めた新聞紙のボールを投げたり、手ではじいたり

　新聞紙を丸めてボールを作ります。まだキャッチボールは難しいので、自分で投げて自分で取りに行きましょう。ボールを手のひらでついたり、はじいたりしてみましょう。しっぽ付きのボールでもやってみましょう。少しボールの動きがゆっくりになります。（しっぽ付きのボールの作り方は後述）

手でつく

⑦新聞紙のボールを蹴る

　まずは、置いてあるボールを蹴ってみましょう。最初はちょこんと足をボールに当てるぐらいから始めましょう。慣れてきたら蹴りながら進んでみましょう。ゴールのようなもの（三角コーンを２つ立てておいても良いです）があれば最後はシュートしてみましょう。そのままゴールを通過しても OK です（p.80、⑦参照）。

## 2.　4 歳児の新聞紙あそび
### (1)　ねらい
・新聞紙を使って、ボールや棒等の道具を作ることができる。

・友だちと一緒にいくつかの新聞紙を使ったおにごっこができる。
・新聞紙のボールを使って、投げたり、受けたり、蹴ったりできる。
・新聞紙を使って、その上に乗ったり、跳んだり、低いハードル走のように走ったりすることができる。
・広げて持ってもらった新聞紙で体でやぶったりすることができる。
・友だちと新聞紙のボールをキャッチボールしたり、蹴り合ってパスができる。

### (2)　あそびの内容
　4、5 歳児では、新聞紙で作った道具を使います。ここで新聞紙を使った道具づくりについて少し触れておきます。ここに示すのは一例ですので、子どもたちと工夫して色々な道具を作ってみて下さい。

《ボールを作る》

　この後にも述べますが、遊んでやぶれて細かくなった新聞紙を集めてボールをつくりましょう。最初に細かい新聞紙の切れ端を集めて小さな丸いボールを作りましょう。それを芯にするようにして、少し大きな新聞紙でそのまわりを包んでいきましょう。そうすると丸い形になりやすいです。ドッジボールより少し小さいぐらいの大きさにしてみましょう。あまり小さいと後で遊ぶ時に、手や棒に当たりにくいです。

　"しっぽ" 付きのボールも作ってみましょう。後述する「手で新聞紙をできるだけ長くちぎれないように切る（リンゴの皮むきのように）」の時の要領で、新聞紙を縦に切って細長い形（幅 2 ～ 3 ㎝×長さ 55 ㎝）を 10 本ぐらい作ります。その 10 本の端を一旦ま

とめセロテープでとめ、その束になった物を
ボールにくっつけましょう（1本ずつつける
のは大変なので、下のようにまとめて付ける
と取れにくいです）。

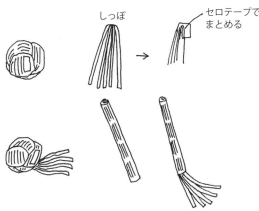

《棒を作る・やり投げのやりを作る》

　朝刊1日分ぐらい（7、8枚程度）を丸め
て棒を作ります。最初から細くしっかり巻き
ましょう。直径3〜4cm×長さ55cmの棒を
作り、セロテープでとめます。これに上記①
のしっぽを付けると、やりになります。棒に
しっぽを付けると、やりとして真っ直ぐ安定
して飛びます。

《輪をつくる》

　新聞紙3〜4枚を大きく広げて、1枚ず
つ少しずらして置きます。それを手前の角の
方から反対側の角に向かって対角線上に丸め
ていきます。棒を作った時のように、きっち
り丸めなくて大丈夫です。少し余裕を持って
丸め、後でねじって固くしましょう。両端の
少し細い部分を重ねてセロテープでとめる
と、直径25cm程の輪ができます。輪投げに
も使うので、輪が小さい時はさらに新聞紙を
5〜6枚と増やしましょう。そして新聞紙を
重ねる時にずらして置き、上記よりも長い紙
を作れば、大きな輪も作ることができます。
大きな輪はケンパにも使えます。

①新聞紙の上に2人ずつ乗って2人対2人で
ジャンケン。負けたら、新聞紙の大きさを半
分に

　3歳児にも書きましたが、ジャンケンを使
って4、5歳児でもやってみましょう。今度
は子ども同士で、最初は1人対1人で。次は
2人対2人でやってみましょう。2人のうち
1人が代表でジャンケンし、負けたペアの方
が新聞紙を半分にし、その上に2人が乗りま
す。ジャンケンに負けると、どんどん2人の
立つ場所が狭くなるので、2人で協力（肩を
組んだり、おんぶしたり）して、折りたたん
だ新聞紙から落ちないようにしましょう。

②新聞紙の上に乗って、グループで新聞紙の
島渡り

　これも3歳児でも書きましたが、年齢が上
がれば、グループでもやってみましょう。4
人グループなら、1人1枚ずつ新聞紙半分を
持って、まず全員が進行方向に向かって1列
に並びます。1人の時と同じように、今度は
グループで新聞紙の島を渡って行きます。先

頭の人と最後の人が忙しいですが、みんなで協力して後ろの新聞紙を前に送り前進します。グループの人数より少し多めの新聞紙を用意しても良いでしょう。グループで相談して、一番やりやすい新聞紙の枚数を考えても良いでしょう。お約束は、渡り終わった時に、新聞紙は全部回収すること。「川や海に新聞紙を置いたままにしない」という約束にしましょう。

③新聞紙で作ったしっぽを使って、しっぽ取り、しっぽ踏み

　新聞紙を半分にし、さらにそれを縦方向に幅10㎝ぐらいで切る。幅10㎝×長さ55㎝の細長い形が4本できます。この4本をセロテープで腰のあたりに付けて、しっぽ取おにごっこをしてみましょう。しっぽが4本あるので、すぐには終わらないでしょう。靴を履いていれば、上記の2本をセロテープで靴のかかとに付け、あとの2本は腰に付けることもできるでしょう。足の2本は足で踏んで取り、腰の2本は手で取るようにします。

④新聞紙で作った服やぶりおにごっこ
　みんなで新聞紙で作った服を着ておにごっ

こをします。新聞紙1枚の中央に子どもの頭が入るぐらいの穴を空けます（新聞紙を4つに折って中央になる部分を切ると良いでしょう）。その穴に頭を入れ、服のように頭からかぶります。最初は保育者がおにになり、子どもを追いかけ服をやぶっていっても良いでしょう。やぶられた子どもはおにになり、最後までおににならないようにうまく逃げます。赤・白チームに分かれてもできるでしょう。

①　　　②　　　③中央を切る　　④広げる

⑤新聞紙で作ったボールでキャッチボール、当てっこあそび

　新聞紙のボールを使ってキャッチボールをしてみましょう。慣れてきたら色々な投げ方（片手（右・左）、両手、上から、下から、後ろ向いてなど）で投げてみましょう。突き指をすることもないので、色々な取り方（片手（右・左）、両手、後ろ向き）もしてみましょう。"しっぽ付きのボール"も使ってみましょう。ボールのスピードが少しゆっくりになります。さらに最初は1人1個ずつボールも持って、2人で当てっこしてみましょう。

⑥新聞紙で作った棒でやり投げあそび

　しっぽのついたやりを目標に向かって投げてみましょう。目標（まと）は段ボール箱で作った怪獣などを用意します。あるいは、段ボール箱の口を開けておいて、その口を的にしてもよいでしょう。全部入れば、そのまま片付けもできます。

　※ボールとは違い、棒は当たると危険です。投げる方向を同じにし、友だちがまだ投げている時は、まとの所にやりを取りに行ったりしないように注意しましょう。

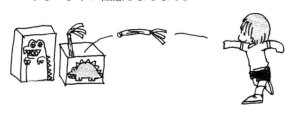

⑦新聞紙1枚広げて、端を持って新聞紙の上に乗って自分でジャンプ

　1人で新聞紙1枚を縦長にして、上の方を両手で持って立ちます。下の方は自分の方に向けて床にたらし、その上に自分が乗ります。両手で新聞紙を持ったまま、両足を揃えてピョンと前に跳びます。新聞紙をやぶらないように、ピョンピョン少しずつ前へ跳んでいきます。慣れてきたら、チームでリレーも良いかもしれません。

⑧保育者に新聞紙を引っ張ってもらってジャンプ

　⑦では、自分で新聞紙を引っ張りながら跳びましたが、今度は新聞紙を保育者に引っ張ってもらって跳んでみます。子どもが新聞紙の上に立ち、子どもと保育者が「せ〜の！」と声をかけタイミングを合わせて、子どもが少し前に跳ぶと同時に、保育者が新聞紙を前に引っ張ります。そうしながら、少しずつ前進して行きます。できれば子ども同士でもチャレンジ。※これは少し難しい！　1枚だと長さが短く、保育者は中腰の姿勢で腰が苦しいですが、2枚つなぐと腰は楽です。

⑨友だちに新聞紙を持ってもらって、ハードル走

　新聞紙1枚を細長く半分に（27 cm × 80 cm）折ります。その両端を2人の友だちが向かい合わせで床に座って片手で持ちます。シワにならないように、またハードルを跳ぶ人に当たらないように、片手を伸ばしてピンと張ります（引っ張り過ぎるとやぶれます）。ハードルの高さは、細長く半分に折った新聞紙が床に着くぐらい（約27 cm）。これでハードル1台分。ハードルを2、3台つくって「ハードルが足に当たっても、全然痛くないよー！」と声をかけながら、順番に交代で跳んでみましょう。少し慣れてきたら（リズムよく跳べるようになったら）、1回に跳ぶハードルの台数（人数）を増やしてみましょう。

⑩友だちに新聞紙を持ってもらって、新聞紙をやぶる

　3人組になり、2人の子どもが新聞紙1枚を立てて横長に広げ、新聞紙の両端をピンと張って持ちます。これで新聞紙の壁のでき上り。もう1人が、2、3m離れたところからスタートし、新聞紙の壁をやぶって走り抜けましょう。目標をよく見て、スピードを考えて走ります。新聞紙の向こう側が見えにくいので、走り抜ける先に障害物がないよう注意しましょう。新聞紙の位置は顔より低くし、先が見えるようにしましょう。

## 3.　5歳児の新聞紙あそび

（1）ねらい
・新聞紙を使って、ボール、輪、棒、フライングディスク等を作ることができる。作った道具を使って色々なあそびができる。
・新聞紙のボールでキャッチボールができる。野球型のあそびができる。
・新聞紙の輪や棒を使って輪投げあそびができる。
・作ったボール、棒、フライングディスクを使って、まと当てあそびができる。
・新聞紙を使って、新しいあそび道具を作ることができる。またそれを使って、友だちと新しいあそびを考え出すことができる。

（2）あそびの内容
①手で新聞紙をできるだけ長くちぎれないように切る（リンゴの皮むきのように）

　1人ずつ、新聞紙半分を持って、床に座ります。手で新聞紙を細く長く切っていきます。新聞紙には切りやすい方向と切りにくい方向があることを保育者が新聞紙を切って説明し、子どもたちに考えさせながら切ります。最後にみんなで、切った新聞紙の端をホール（保育室）の片側の線に揃えて並べ、「長いの誰だコンテスト」をします。

②新聞紙のボールの当てっこ（ドッジボールのように）

　最初は1人1個ずつボールも持って、2人で当てっこから始めます。さらに赤・白チームに分かれて当てっこ。このボールを使ってドッジボールをしてもよいでしょう（当たっても痛くないので）。

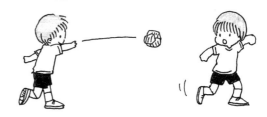

③ボールを足で蹴る（サッカーのように）

　足で蹴ってみましょう。慣れてきたら友だちとボールをパスし合います。ゴールを決めてシュートするのも良いでしょう。ゴールキーパーもボールが当たっても痛くないでしょう。※白と黒の紙を貼って、サッカーボールのようにもできます。最近はサッカーボール柄の包装紙もあるので、新聞紙のボールを最

後はその紙で包むとサッカーボールのように
もなります。

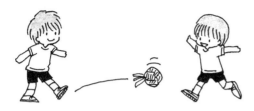

④友だちに新聞紙を持ってもらって、新聞紙
の壁を普通の（ゴムのドッジ）ボールでまと
やぶり

　4人組になり、ゴムのドッジボールをその
4人に1個用意します。2人が新聞紙1枚を
持って新聞紙の壁をつくります。その新聞紙
の壁をはさんで、あとの2人が向かい合っ
て立ちます。新聞紙の壁からの距離は2人
とも1〜2m。新聞紙をよく見て、新聞紙
に向かってボールを投げます。反対側の友だ
ちは、飛んできたボールを取ったら今度は自
分の番。同じように新聞紙に向かってボール
を投げます。新聞紙が小さくなってきたら、
新聞紙を持ってくれていた友だちと交代しま
しょう。

⑤ボールと棒を使って、野球あそび

　2人組になって、1人がボールを投げて、
もう1人が棒を持って、投げてもらったボー
ルを打ってみましょう。最初はボールは下

からゆっくり投げてもらって打ちましょう。
飛んでくるボールを打つのはなかなか難しい
です。例えば三角コーンの上にボールを乗せ
て、打ってみても良いでしょう。新聞紙のボ
ールなら、少し穴を空けて、三角コーンの上
に乗せることもできます。※ボールを打つ時、
絶対に棒を投げ出してしまわないように注意
しましょう。

⑥ボールと棒と輪を使って、ゴルフあそび

　1人でボールと棒と輪を1つずつ使いま
す。輪をゴルフのホールカップの代わりにし
ます。輪を遠くの方に置いて、自分の足下の
床の上にボールを置きます。棒をゴルフのク
ラブのように振って、ボールを輪の方向にめ
がけて打ちます。最後は輪にボールを入れる
とあがりです。まとの輪がボールに押されて
動かないように、室内なら床に輪をセロテー
プでとめておきましょう。

⑦棒と輪を使って、輪投げあそび

　最初は保育者が、棒を2本両手に持って
子どもたちの前に立ってみましょう（保育者
は棒の位置を低くして）。その棒に向かって
子どもたちは輪を投げ入れます。次に2人
組になり、1人が棒を2本両手に持ち、もう

1人が輪を棒に向かって投げます。

　輪投げで遊んだら、棒を使って、輪を飛ばすこともやってみましょう。2人で向かい合い棒に輪を引っ掛けるようにして、相手に向かって輪を投げてみましょう。もう1人は、飛んできた輪を棒で輪を通すように（"串刺し"のようにして）受け取ります。棒と輪を使って、輪のキャッチボールをしてみましょう。

⑧棒とビニール袋の風船で、風船を落とさないように遊ぶ

　棒と空気を入れて口を止め風船のようにしたビニール袋を使います。ビニール袋の風船は、手ではじいても面白いですが、棒でもはじいたり、叩いたり、打ったりしてみましょう。ボールよりゆっくり動くので、子どもたちも叩いたり、はじいたりしやすいでしょう。動く物をよく見て打ったり、叩いたりするあそびです。

⑨棒や輪を並べて、道を作り平均台のように歩いたり、大きな輪を作ってケンパあそび

　作った棒を、床の上に並べてどんどんつないで道（コース）を作っていきます。その上

を、バランスを取って"棒（綱）渡り"のように歩いて行きます。所々に輪を置いて休憩場所もつくったり、大きな輪を使って、ケンパをしたりもできます。赤・白チームに分かれて「ドンジャンケン」もやってみましょう。

⑩フライングディスクを作って、投げる、まと当てあそびをする

　新聞紙でフライングディスクを作ります。まず先述の輪を作ります。それに新聞紙の大きな1枚を半分にして、その紙を輪に太鼓のように（タンバリンのように）貼り付けます。広げた新聞紙を輪に巻き込むようにして、ピンと張るようにします。1枚（一重）だと薄いので、二重にしましょう。できあがったら、友だちとキャッチボールをして、投げる練習をします。投げる練習ができたら、紙の箱やダンボール箱をまとにして、まと当てあそびをします。

# 8　民舞「荒馬」

## I. 教材について

　荒馬は青森県・津軽地方で踊り継がれてきた踊りです。もともとは田植えが終わった後、農作業で使った馬を休ませ感謝する行事の中で踊られてきました。現在でも様々な荒馬が伝承されてきて、その中の１つに今別荒馬があります。2003年には青森県無形民俗文化財に指定されました。毎年8月に今別町内の「荒馬祭り」で踊られ、男性の馬と女性の手綱取りがペアになって踊るのが特徴です。

　今別では荒馬を「あらま」と呼びますが、私たちはこれを「あらうま」と呼んでいます。

　この今別荒馬を、わらび座が取材し舞台公演用にアレンジしました。「わらび座の荒馬」は舞台公演だけでなく、全国各地で荒馬踊りの講習会が開かれたり、踊り方の指導書やビデオが販売されたりして全国的に広がりました。

　同志会では、沼倉学氏（宮城教育大学）を中心に民舞分科会が教材化した「民舞教材『今別』荒馬」があり、これは『新みんなが輝く体育2　小学校中学年　体育の授業』の「表現運動」で紹介されています。

　今回この項で紹介する荒馬は「ダンプ園長の荒馬」を参考にしました。ダンプ園長こと故高田敏幸氏が石巻市の「わらしこ保育園」で子どもたちに指導していた荒馬です。ダンプ園長は、子どもたちが体を躍動し豊かに耕されるよう「わらび座の荒馬」と今別荒馬を融合しました。これが教材化された「ダンプ園長の荒馬」です。

　長年、ダンプ園長は全国各地をまわり、幼稚園・保育園の保育者、または直接子どもたちを指導するなど、「ダンプ園長の荒馬」を広めてきました。多くの園で「ダンプ園長の荒馬」が実践され、豊かな表現で生き生きと躍動的に踊る子どもたちの姿は参観した保護者の胸を熱くさせてきました。

　この教材化された「ダンプ園長の荒馬」は、元となった今別荒馬という民俗舞踊の身体技法（体の使い方）を含んでいます。民俗舞踊を踊り伝えてきた先人たちの体の使い方は、日本の自然環境である拘泥や農作業の労働に対応してきたものです。例えば、すり足や「なんば」歩きは体に無理のかからないものでした。この「なんば」とは、右足と右腕を揃えて前に出した半身のことで、農夫が鋤を手にして畑を耕す姿勢です。これを交互に繰り返すと「なんば」歩きや「なんば」振りとなり、日本の民俗舞踊の基本的な身体技法となっています。もちろん、荒馬にも「なんば」振りが基本の体の使い方になっています。

　乳児期の子どもは腕をあまり振らず右手と右足、左手と左足を一緒に出して歩き、幼児期になると、右手と左足、左手と右足を交互に出して歩くようになります。これは日本人の歩き方の変遷と重なります。この時期に「なんば」振りに代表される身体技法を教えることは子どもたちの発達段階にあったものです。そして、思わず動き出したくなるような軽快な、それでいてお腹に響く太鼓のリズムが、子どもたちの心を惹きつけます。

生活や労働様式が変化し、現在では、このような日本固有の身体文化や身体技法は失われてしまいました。だからこそ、こうした文化を荒馬を通して子どもたちに伝えていきたいと思っています。

「ダンプ園長の荒馬」では、子ども全員が主役の馬の踊りをします。馬と手綱取りのペアの代わりに、馬同士がペアになって踊ります。馬同士が「見つめ合って跳ねることが気持ちいい！」と馬と馬（人と人）が結びついていく学びや遊びがあります。それは、災害や飢饉などで不作を乗り越え連帯や団結してきた先人たちの営みを体現します。そこに文化継承の本来の姿があるのではないでしょうか。

## Ⅱ. 民舞「荒馬」の進め方と指導上の留意点

### 1. 総合的な取り組みへ

「ダンプ園長の荒馬」（以下荒馬）の取り組みを生活発表会や運動会の集団演技のためだけにせず、各園の総合的な表現活動、体つくりに位置付けたいです。民俗舞踊は生産者としての民衆の願いが込められ祭りと一体化してきました。運動会も同様に地域の祭りを受け入れながら今日に至っています。民衆が踊り継いできた踊りと祭りを再現し、各園独自の文化として再創造することが大切です。

その1つとして荒馬の馬づくりをすることです。この馬は、子どもたちが荒馬のイメージを膨らませて個性豊かな表現ができる前提となります。

### 2. 荒馬の馬づくり
【材料】

板（頭）…厚さは約1.5㎝、大きさ約30㎝×20㎝の合板・杉板など。ダンボールを重ねてつくることもできる。この場合は幼児でも重くなく動かしやすい。

竹（胴）…幅約3㎝、長さ約2.5mに切ったもの。

布（胴）…幅約50㎝、長さ約2.5m。風呂敷き、ハギレなどを縫いつなげる。カラフルなほうがよい。「絞り染め」などでつくってもよい。

布（肩ひも、手綱）…幅約10㎝、長さ約1.5mを9枚（3色以上あればキレイ）。

その他…荷造り用ナイロン平テープ（尾にする）。

【つくり方】
①頭をつくる。

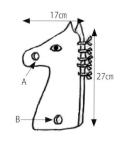

・図のように板を切り抜く（電気ののこぎりがあれば便利）
・たづなひも（A）、竹（B）を通す穴をドリルで開ける。
・全体的に色（茶、黒など）を塗り、目をかく。
・穴をあけて「たてがみ」をつけてもよい。
②たづな・肩ひもをつくる。
・3色の布を3つ編みしていく。
・たづなは約1.2m、肩ひもは約1mの長さ。
③胴をつくる。

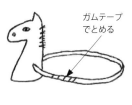

・頭に竹を通し竹を曲げて輪をつくり端を重ねてガムテープでとめる。
④できあがり。
・竹に布をつけて、図の点線のように縫いつ

ける。

・肩ひもを竹に結びつける（ずれないように
きつくとめる）。

・肩ひもを 2 カ所結ぶと肩からずり落ちない。

・たづなひもを通す。

・荷造りテープでフサフサの尾をつける。

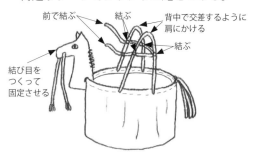

### 3.　お囃子の生演奏

　それぞれの園独自で荒馬の構成ができるように、保育者がお囃子を生演奏できることが望ましいです。その場合、太鼓の叩き方が子どもの踊りへ向かう姿勢や表現力を左右することもあるので、事前に十分習熟しておきたいです。また、本来は篠笛での演奏ですが、ソプラノリコーダーでも可能です。

入退場　歩みのお囃子

踊りのお囃子

### 4.　荒馬の全体像

　荒馬の踊りの振りは、大きくは 3 つに分けられ以下のように名付けています。

　（1）「こんにちは・さようなら」振り

　ソーレ（かけ声）「こんにちは」（ツーステップ）→ U ターン→「さようなら」（ツーステップ）→ U ターン→「こんにちは」（ツーステップ）→ U ターン→「さようなら」（ツーステップ）

　（2）「足踏み＋ 1 つ踏み」振り

　（3）「足踏み＋ 1 つ踏み＋ 3 つ踏み」振り

　これら（1）（2）（3）を踊る前には、それぞれに「ラッセーラー・ラッセーラー」「ラッセ・ラッセ・ラッセーラー」のかけ声を入れます。また子ども同士 2 人 1 組のペアで踊るのが基本になります。この 3 つの振りを組み合わせて、それぞれの園独自の荒馬を構成することができます。

### 5.　指導に当たって

### （1）踊りの全体像をつかんで部分へ、そしてまた全体へ

　初めに踊りを見て覚えていくときは動きについていくだけで精一杯です。踊りのイメージができていないのに、「視線は手の先に」や「ここは柔らかい感じ」など、表現の細部にわたることを要求しても、子どもたちは混乱するばかりです。踊る意欲もなくなります。

踊りを楽しく感じられるようになるのは、次の踊りの振りを予測しながらリズムに合わせて踊ることができるようになってからです。

そこで、まずは子どもたちには、踊りの全体像を大まかに把握してもらい、リズムに合わせて踊ることができてから、その後、細部に視点を当てて踊り込みをします。そしてもう一度全体に戻るのです。そうすれば、踊る楽しさも十分に味わえ、自分らしい豊かな表現ができるのではないでしょうか。

（2）子どもにあった言葉かけで

保育者の踊りをみてそれを模倣するだけの指導は幼児にとって難しいものです。踊りの振りは、動きを見せることでしか伝えにくいですが、子どもたちの発達に合わせ、動きをイメージ化した言葉がけを創り出していくことが大切です。

## Ⅲ．民舞「荒馬」のねらいと活動の流れ

### 1.　民舞「荒馬」のねらい
〈できる〉
・ペアの友だちと見つめ合ったり呼吸を合わせたりして一体感を感じながら踊ることができる。
・「なんば」振りができる。
〈わかる〉
・地面を踏みしめた反動で伸びあがる感覚がわかる。
・「なんば」振りがわかる。
・「1つ踏み」「3つ踏み」の最初の一歩が足の踏み替えであることがわかる。
・間の取り方がわかる。
〈学び合う〉
・友だちの踊りを比較し鑑賞し合う。

・太鼓のリズムにあっているか、動きが間違っていないかを友だち同士で伝え合う。

### 2.　第1回目
（1）ねらい
・踊りの全体像とお囃子のリズムを知る。
・馬を付けて、自由に歩いたり、走ったり、跳んだりすることができる。
・太鼓のリズムで体を動かし、お囃子に馴染む。
・荒馬踊りの誕生と今でもお祭りで踊られていることを知る。

（2）活動の流れ
①保育者たちで太鼓や笛を演奏し荒馬を踊って見せ荒馬の全体像を子どもたちに伝えます。また、この荒馬の元になった「荒馬」は、青森県今別町でもともとは田植えが終わった後、農作業で使った馬を休ませ感謝する行事で踊られてきたこと、そして、今でも「荒馬祭り」などで踊られていることを知らせます。
②馬を付けて、馬になったつもりで歩いたり走ったりします。
③太鼓と笛のお囃子で体を動かします。すぐにでも動き出したくなるような力強く軽快なリズムを聞きます。そして、このお囃子に合わせて、自由に跳ねたり動いたりして、このリズムを子どもたちが親しみ馴染むようにします。
【指導のポイント】
・室内だけでなく園庭で、馬になったつもりで歩いたり走ったりするのも楽しいです。

### 3.　第2回目
（1）ねらい
・右足（左足）から左足（右足）に体重移動

してから軽く跳ぶことができる。
・踏んで伸びあがる感覚がわかる。
・足の重心軸の踏み替えがわかる。

（2）活動の流れ

①1踏みにつなげる踏みあそび

　重心軸の足を踏み込んで跳んで、反対足に体重移動し重心軸を移し跳ぶことを交互に繰り返します。その際、反対足に重心軸を移す際にはジャンプをしません。必ずどちらかの足が地面や床についていることが重要です。

　左足踏んでポン（軽く跳ぶ）→右足踏んでポン（軽く跳ぶ）を繰り返します。これは、1つ踏みに繋がります。太鼓のリズムは「ドーンコドンドン・ドーンコドンドン」で行うと、踏みを意識することができます。

〈太鼓〉

ドーンコ　ドンドン　　ドーンコ　ドン ドン

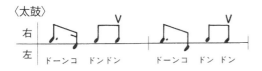

「左足踏んで」　「ポン」　「右足踏んで」　「ポン」

②3つ踏みにつなげる踏み遊び

　前述した「踏んでポン（軽く跳ぶ）」を3回続けてから反対足の体重を移動させます。この時は3回続けて踏みを意識させます。この時の、太鼓のリズムは「ドーンコドーンコ・ドーンコドンドン」で行うと、3回踏むときの「ため」を意識できます。

〈太鼓〉

ドーンコ　ドーンコ　　ドーンコ　ドンドン

「左足に踏みかえて」　　「一、二、三」と三回踏む

③踏みあそびを楽しむ

　以上の2つの踏みあそびを、向きや手の振りも自由に太鼓のリズムに合わせて行うとお祭りの雰囲気も味わえます。そして、ここで民俗舞踊の身体技法の1つである踏みを身につけることができます。

4.　第3回目

（1）ねらい

・「こんにちは」「さようなら」（ツーステップとUターン）ができる。
・ペアでお互いを意識して踊ることができる。

（2）活動の流れ

①「ソーレ」（太鼓：♩　♩「ドン　ドン」）で右足を一歩後ろに引いて腰を落とし左半身になります。

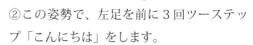

②この姿勢で、左足を前に3回ツーステップ「こんにちは」をします。

③「ソレ！」のかけ声とともに左足を軸に右足をあげ半回転する。その際左足を踏み込み、体を沈め「ため」をつくります。そして伸びあがるように半回転しながら右足をあげます。

④右足を前に３回ツーステップ「さようなら」
をします。

⑤「ソレ！」のかけ声で右足を軸に左足をあ
げ半回転します。その際右足踏み込み、体を
沈め「ため」をつくる。そして伸びあがるよ
うに半回転しながら左足をあげます。

⑥以上を繰り返します。

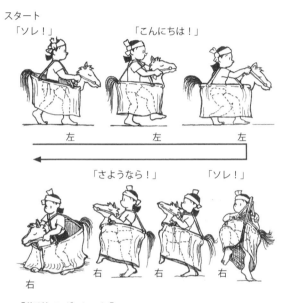

【指導のポイント】

・初めは、子どもたちを前向きで指導し、動
　きを覚えたら、２人１組のペアになりお互
　い向きあって踊ります。向かい合ってツー
　ステップしながら近づき「こんにちは」と
　お互いの目を合わせます。そして半回転し
　て「さようなら」とお互いに遠ざかります。

・太鼓でリズムを入れる前に、「こんにちは」
　「さようなら」の言葉かけをすることで、
　子どもたち同士の気持ちが通い合います。

・ペアでの動きが慣れてきたら、ペアを入れ
　替えます。「ラッセーラー・ラッセーラー」
　「ラッセ・ラッセ・ラッセラー」のかけ声
　を２回繰り返している間に、違う相手を
　探して移動し「ソーレ」のかけ声でペア同
　士で踊り、これを繰り返します。ペアを変

えて踊ることは、楽しみながら子どもたち
同士の交流をはかることにも繋がります。

## 5.　第４・５回目

### （1）ねらい

・８の字回旋ができる。

・１つ踏みができる。

・「馬の頭」の振り方ができる。

・右足（左足）から左足（右足）に体重移動
　してから軽く跳ぶことができる。

・踏んで伸びあがる感覚がわかる。

・足の重心軸の踏み替えがわかる。

### （2）活動の流れ

①馬を付けて８の字回旋をします。

　腕を上に持っていったとき脇が開くように
大きく回旋します。

②馬を付けて１つ踏みをします。足の運びは
第２回で行った「踏みあそび」と同じです。
慣れてくると「踏んでポン」から「踏み込ん
でポン」にしていきます。

左方向

左足踏み込んで　　左足ポン（軽く跳ぶ）

右方向

右足踏み込んで　　右足ポン（軽く跳ぶ）

③初めの太鼓のリズムは「ドーンコ・ドンド
ン」で行い、動きができるようなれば、「踊
りのお囃子」リズムで踊ります。
④踊りを覚えたら 2 人 1 組のペアで向き合っ
て踊ります。

【指導のポイント】

・左足から右足、また右足から左足に重心移
　動する際は、決して跳ばない（一度に両足
　が地面から離れない）ことが大切です。

・まず、足のステップができるようになって
　から「馬の頭」の振り方を教えます。「馬
　の頭」を、右足を踏み込むときは右方向に、
　左足を踏み込むときは左方向に振ります。
　これは民俗舞踊の特徴である「なんば」振
　りになっています。


## 6.　第 6・7・8 回目

（1）ねらい

・3 つ踏みができる。

・1 つ踏みとリズムが違うことがわかる。


（2）活動の流れ

①左足に重心を移動し 1, 2, 3 と 3 回踏み
込みます。

1 回目：左方向

左足に重心移動　　3 回踏み込む

②右足に重心を移動し 1, 2, 3 と 3 回踏み
込みます。

2 回目：右方向

右足に重心移動　　3 回踏み込む

③ ①と同様。

3 回目：左方向

左足に重心移動　　3 回踏み込む

④ ②と同様。

3 回目：右方向

右足に重心移動　　3 回踏み込む

⑤初めの太鼓のリズムは「ドーンコドーンコ・ドーンコドンドン」で行い、動きができるようなれば、「踊りのお囃子」リズムで踊ります。

⑥踊りを覚えたら2人1組のペアで向き合って踊ります。

【指導のポイント】

・1つ踏み同様に、左足から右足、また右足から左足に重心移動する際は、決して跳ばない（一度に両足が地面から離れない）ことが大切です。

・踏み込んだ足のほうに「馬の頭」を振ります。

・3つ踏みの足の踏み替えは、1つ踏みより歩幅を大きくすることで、1つ踏みと3つ踏みの表現の質を変えることができます。

・足の踏み替えをする際に8の字回旋をしながら反対の足のほうに「馬の頭」を持っていきます。

## 7.　第9・10・11回目

（1）ねらい

・1つ踏みと3つ踏みをつなげて踊ることができる。

・2つの踊りの動きの質の違いがわかる。

（2）活動の流れ

①1つ踏みの練習をします。

②3つ踏みの練習をします。

③1つ踏み4回したあと、3つ踏み4回を行います。

【指導のポイント】

・1つ踏み4回と3つ踏み4回を1セットとします。（1つ踏み4回＋3つ踏み4回）

・1つ踏みと3つ踏みの動きの違いを鑑賞します。

・3つ踏みの足の踏み替えは1つ踏みより幅

を大きくとることが重要です。

## 8.　第12・13・14回目

（1）ねらい

・かけ声「ラッセーラー・ラッセーラー」「ラッセ・ラッセ・ラッセーラー」をかけることができる。

・既習した動きを通して踊ることができる。

・かけ声で踊りを変えることがわかる。

・振りの順番がわかる。

（2）活動の流れ

①かけ声の練習をします。

②「ラッセーラー・ラッセーラー」「ラッセラッセ・ラッセーラー」を2回繰り返したあと、踊りを始めます。既習の踊りをかけ声でつなげます。

　　例）かけ声→「ソーレ」（左半身）→「こんにちは・さようなら」2回→かけ声→「ソーレ」（左半身）「こんにちは・さようなら」2回→かけ声→1つ踏み8回→かけ声→1つ踏み8回→かけ声→1つ踏み4回＋3つ踏み4回→かけ声→1つ踏み4回＋3つ踏み4回

【指導のポイント】

・かけ声の時に、相手を探して移動しペアを入れ替えることもできます。

## 9.　第15回目

（1）ねらい

・今別荒馬の動画を鑑賞し表現の豊かさを知る。

・今別荒馬の表現を自分の踊りに生かす。

（2）活動の流れ

①今別荒馬の動画を視聴します。

②踊り込みます。

【指導のポイント】

・今別荒馬の表現（視線、間、強弱、緩急、躍動感など）から感じたことを子ども同士で交流し、自分の動きに取り入れます。

・熟達者の豊かな表現力を観る目を育てたいです。

## 10.　第16回目

（1）ねらい

・歩みができる。

・馬が歩んでいる様子を思い描きながら歩むことができる。

（2）活動の流れ

①右足を一歩前に踏み出します。

②左足を右足にそろえます。

③以上の①②を繰り返して前進します。

④馬の頭を上下に振りながら歩みます。

⑤「ラッセーラー」のかけ声をかけながら歩みます。

【指導のポイント】

・この歩みは、入場、移動、退場で行います。

・お囃子のゆっくりした太鼓のリズムに合わせて進みます。

・「嵐の前の静けさ」という感じで、かけ声もあまり大きく張り上げずに静かに入場してくることで、次の荒々しい躍動感あふれる踊りに期待感を持たせます。

## 11.　第17・18・19回目

（1）ねらい

・踊りの順序、構成がわかり全部を通して踊ることができる。

・荒馬のイメージを膨らませ、馬になりきって踊ることができる。

・踊り込むことで「型から脱して」自分らしい表現になることがわかる。

（2）活動の流れ

①全体を通して踊り込みます。

②ペア同士やグループ同士で、お互いの踊りを見合いながら自分らしい踊りの表現を高めていきます。

【指導のポイント】

・踊り込むといっても、ひたすら踊り続けるのではなく、他の子どもたちの踊りを鑑賞することも重要です。子どもたち同士がお互いの踊りを見合うことで鑑賞する目が育ち自分の表現の幅を広げることになります。

・子どもたちの踊りをビデオに撮り自分の踊りを見せることも、自身の踊りを客観化でき踊りの改善につなげることができます。

## 12.　第20・21・22回目（運動会・発表会にむけて）

（1）ねらい

・荒馬のイメージを膨らませ、馬になりきって踊ることができる。

・自分の踊る場所や移動して踊る場所がわかる。

・入場や退場の仕方がわかる。

（2）活動の流れ

①今までの取り組みの集大成です。

②既習の3つのパターン（①「こんにちは・さようなら」振り②「1つ踏み」振り③「1つ踏み＋3つ踏み」振り）を組み合わせて，園オリジナルな「荒馬」を創ります。

【指導のポイント】

・以上の一連の踊りを構成して運動会や生活発表会などで披露することができます。

## 13.　第23回目（運動会・発表会）

【発表の構成例】

> 太鼓の合図で入場のかけ声⇒かけ声をかけながら「歩み」で入場して所定の位置に⇒ペアで三つのパターン⇒グループで三つのパターン⇒移動⇒グループで三つのパターン⇒中央か観客前に集合⇒フィナーレ（全員一人一人が前向きに三つのパターンで踊る）⇒「歩み」でさらに集まり「ラッセ・ラッセ・ラッセーラー」のかけ声で終了⇒かけ声をかけながら退場

【指導のポイント】

・構成を複雑にすると，1つひとつの踊りに集中できなくなりますので注意してください。構成された集団の見栄えよりも，子どもたち1人ひとりが自分の表現を最大限発揮できることが大切です。

・今別荒馬は毎年8月に今別町内の「荒馬祭り」で踊られます。各園でも「園のお祭り」としてお祭りの雰囲気を醸し出す演出が大切です。観客の保護者や地域の人たちが一緒に楽しめる「園独自のお祭り」を創っていきましょう。そのためには，保育者の生演奏が欠かせません。また「ねぶた」をつくり会場で引き回すことで祭りは最高潮に盛り上がります。

・お祭りの中で民俗舞踊は，五穀豊穣や疫病

退散という民衆の願いで踊り継がれてきました。こうした民衆の思いと，子どもたちの成長の喜びを重ねて，お祭りという非日常の空間を創っていきましょう。

## 14.　第24・25・26回目

　荒馬の取り組みの期間に余裕があれば以下の「足踏み」を取り入れることもできます。「足踏み」は踊りに入る最初の振りで，この振りを入れると，勢いよく1つ踏みや3つ踏みに入ることができます。また，踊り全体に変化を生み出し表現の幅を広げます。

（1）ねらい

・足踏みができる。

・太鼓に合わせて踊ることができる。

・足踏みから1つ踏みや3つ踏みにつなげることができる。

・足踏みから1つ踏みや3つ踏みにつなげることがわかる。

（2）活動の流れ

①右足を左斜めに踏み込み，その後左足に重心を移す。これを2回繰り返します。

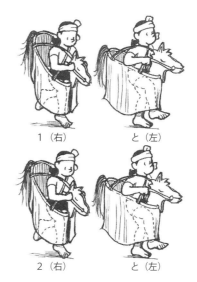

1（右）　　　　と（左）

2（右）　　　　と（左）

②右足を右斜め方向に踏み込み、その後左足
に重心を移して、すぐ左足を蹴り上げ右足立
ちになります。

3（右）　　　　　と（左）

左足上げ　　　　4（右）

③「足踏み」を加えて踊ります。既習の3つ
のパターン（①「こんにちは・さようなら」
振り②「足踏み＋1つ踏み」振り③「足踏み
＋1つ踏み＋3つ踏み」振り）を組み合わせ
て踊ります。

【指導のポイント】
・最後のステップは左足を蹴り上げる（キッ
　クする）感じで行います。
・最後の蹴り上げた左足から、次の1つ踏み
　や3つ踏みに入ります。

【参考文献】
1）沼倉学（2019）「表現運動民舞教材：「今別」荒馬）」
　『新みんなが輝く体育2　小学校中学年　体育の授
　業』創文企画、pp.116-127
2）黒井信隆・前田雅章（2009）『まるごと日本の踊
　り小学校運動会BOOK演技編』いかだ社
3）高田敏幸（2014）『天には憧れ地には絆を』新読
　書社
【参考映像】
高田敏幸「荒馬教室の指導」

# 第3章

## 運動会と子どもの認識発達

# Ⅰ.「運動会」って何なの⁉

## 1.「運動会」は必要か？

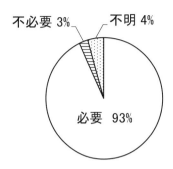

**図1　運動会の必要性**（n=158）

　グラフは、現役保育者（158名）に実施したアンケートの結果です。運動会の必要性など考えたことがなかったとの記述もありましたが、多くの保育者が、運動会は必要だと考えているようです。

　運動会という目標が、子どもたちの能動性・積極性を引き出し、仲間意識や集団意識を育てる契機となること、また運動会を節目として、子どもやクラスが成長すること等、子どもの発達に関わる肯定的な機能を指摘する自由記述がたくさんありました。

　また、子どもが大好きな保護者に認められる場、保育や子どもの発達の姿が、保護者や同僚に公開・共有されることの意義を指摘する記述もみられました。一方、少数ですが、「暑い時期に練習させたり集団に入りにくい子に無理にさせているように思う」「保護者を気にしすぎている」「家族ががんばりを受け止めてくれるならば必要かも、しかし、現代はそうでないところが多いので」というような否定的な意見もありました。

　自由記述の中から、いくつか具体的な声を紹介しましょう。

　取り組みの中で、当日までに一歩でも半歩でも成長していく過程があり、当日、緊張や不安、様々な思いを抱えながらも、披露し、家族の方に見てもらい認めてもらえることで、自信につながることが1人ひとりにあるから。

　子どもの頃車椅子だったり走るのが苦手だったので運動会がない方がいい…と子ども心に思ってきました。大人になって保育園に勤務して「家族の応援」や「願い」に気づきました。だから、苦手やつらい事もあるけれど乗り越えたりできる経験であって良いと思います。

　この「運動会」、外国にはみられない日本独特の大衆的行事であり、その原型は、学校の「運動会」であるといわれています。そこでは、健康の保持と身体能力の形成が目指されたほか、児童生徒の集団的資質の形成、とくに規律の順守、奉仕の精神、所属集団への帰属意識の形成などが目的とされました。実は、当初「運動会」は〈富国強兵〉に役立つ心身の形成を実現するための最も有効な学校行事として導入されたものなのです。また、戦時中は、戦意昂揚や思想教化の手段となり、ナチスばりの〈集団の美学〉が演出されるようになり、国旗掲揚、軍隊式の行進、勇壮な棒倒しや騎馬戦などが奨励されました。戦後、しばらくの間「運動会」の実施は中止されていましたが、軍事色を減らし復活し1960年以降体育・スポーツの普及・拡大とともに広まり、それが保育園や幼稚園にも入ってきたのです。

さきのアンケートからも明らかなように、保育園や幼稚園における「運動会」の必要性は多くの保育者が承認しており、広く国民に定着しています。そして、みなさん「運動会はこうでなくっちゃ」「これがないと運動会ではない」といった運動会のイメージというか理想像を描いているのではないでしょうか？　おそらく、それは、自分が体験してきた運動会に大きな影響を受けていると考えられます。また、運動会の種目から運営方法まで園独自の伝統の（完璧に近い？）方針・マニュアルが決まっており、そんなことを考える必要性がないという保育者も少なくないことでしょう。

「運動会」は、国民の多様な"願い"、国家の"思惑""要求"に支えられ、それを包み込みながら、保育者と子どもが継承・発展させてきた、なくてはならないわが国固有の"年中行事"と捉えることができます。したがって、その在りようも多種多様です。そこには、本来、正しい「運動会」や、「運動会」は、こうで在らねばならないという正解も決まりも存在しません。問題は、「運動会」に、ど

のような願いを込め、そのためにどんな活動（題材、遊び、種目＝身体運動文化）を選択し、それをどのように子どもたちのものにするのか、ということなのです。

## 2.「保育公開」としての運動会

表1は、運動会の必要性を問うたアンケートの自由記述の中から抽出したキーワードとその出現頻度をまとめたものです。「保護者」という言葉がトップでした。続いて「達成感」「自信・意欲」「成長」「頑張り・努力・克服」等、子どもたちの意識や資質に関わる項目が続きます。さらに「友だち」「団結」「協力」「集団」「仲間」「競争」等、子ども同士の相互関係に関わる項目が続きます。体育固有の内容である「運動能力」は8番目、「体力」は18番目でした。この表からも、運動会は、体育的行事でありながら、子どもの全面的な発達の節目であると考えられており、それを保護者に公開する場（保育公開の機会）として強く意識されていることがわかります。この「保育公開」という意識が過剰になると、当日の「見栄え」のみが自己目的となり、子

### 表1　運動会の必要性にかかわるキーワード

| 順位 | キーワード | 頻度 | 順位 | キーワード | 頻度 | 順位 | キーワード | 頻度 |
|---|---|---|---|---|---|---|---|---|
| 1 | 保護者 | 53 | 13 | 集団 | 8 | 20 | 連帯 | 2 |
| 2 | 達成感 | 31 | 13 | 仲間 | 8 | 26 | 感動 | 1 |
| 3 | 自信・意欲 | 25 | 15 | 競争 | 6 | 26 | 自己主張 | 1 |
| 4 | 成長 | 25 | 15 | 挑戦 | 6 | 26 | 就学準備 | 1 |
| 5 | 頑張り・努力・克服 | 21 | 15 | できる | 6 | 26 | ストレス解消 | 1 |
| 6 | 承認 | 21 | 18 | 体力 | 4 | 26 | 成功・失敗 | 1 |
| 7 | 表現 | 18 | 19 | 非日常性 | 3 | 26 | 節目 | 1 |
| 8 | 運動能力 | 12 | 20 | 異年齢交流 | 2 | 26 | 目標 | 1 |
| 9 | 友だち | 12 | 20 | 運動経験 | 2 | 26 | 勇気 | 1 |
| 10 | 楽しさ | 11 | 20 | 教えあい励ましあい | 2 | 26 | リーダー | 1 |
| 10 | 団結 | 11 | 20 | 過程重要 | 2 | | 総合計 | 311 |
| 12 | 協力 | 9 | 20 | 集中力 | 2 | | | |

どもたちを一面的に「できる」に追い込む悪しき体育指導を生み出すのではないでしょうか。

　保育者が、運動会を「保育公開」の場として強く意識していることが、アンケートから分かりました。そうなれば、当然、当日の「見栄え」も重要であり気になるところです。しかしながら、留意すべ点は、保護者は、当日だけを見ているわけではないという点です。送り迎えの園の雰囲気から、帰ってきた子どもの表情や言動から、日々のお便り帳やクラス便り（通信）から、運動会を感じ受けとめているという点です。そう考えると、運動会までのプロセスにおける、子どもの頑張りと成長の姿（プロセス）、それを支援する保育者の考え方が保護者に伝わっていれば、当日の「見栄え」のみに左右されたり、わが子の失敗や敗北に打ちひしがれることはないのでは…と思うのです。

　運動会当日に公開される保育は、保育実践のほんの小さな１つの切り口にしか過ぎません。そういう意味で、保育者も当日の「見栄え」を過度に意識し過ぎず、子どもを適度に追い込みつつも、すべての子ども、とりわけ運動が苦手な子どもを決して見捨てない寛容さを持ち続けることが重要なのではないでしょうか。

　「どの子も決して見捨てない」、保護者が見ているのはこの点です。子どもとの信頼関係の本質的原則・基盤もこの点にあるのではないでしょうか。この観点が、体育指導のみならず、「運動会」を成功させるための、秘訣というよりは必要条件なのです。「できる」「できない」、「勝った」「負けた」があらわになる運動会・体的遊びにおいては、「どの子も決して見捨てない」というのは一筋縄で

はいきません。悩みの根源はこのあたりにありそうです。

## 3. 運動会の「種目」は、誰がどういう基準で決めるのか？

　今や、子どもの育ちの姿を保護者に公開する年中行事となった運動会。もはや避けて通ることは不可能に近いといえます。その運動会の中心をになう子どもの活動＝「種目」は、誰がどのような基準で決めているのでしょうか。

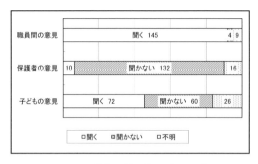

**図2　運動会の種目決め（n=158）**

　上の図は、種目の決定にあたって相談する相手を聞いた結果です。約半数の方が子どもとも相談しながら、種目を決定しているようです。しかしながら、保護者とも相談するという方は少数でした。

　運動会を課業の延長として考え種目を保育内容と考えるならば、当然、種目の決定権は、保育の専門家である保育者にあると考えられます。ところが、保護者とともにつくる行事の１つであると考えるならば、保護者の声が反映されてもやぶさかではありません。実際の運動会はこの両方の側面を有しているのではないでしょうか。運動会に限らず、保育園には、遠足をはじめ、納涼夏祭り、焼いも大会、餅つき大会等、保護者との連携無しには成しえないたくさんの行事が存在します。運

動会においても、テントの設営・片付け、道具の出し入れ等保護者の協力は必要不可欠ではないでしょうか。

この種目の決定にこだわった質問の意図は3つあります。1つは、運動会に、保護者をどのように位置づけているのかを考えたいということです。もう少し具体的に言うと、保護者を単なる見物人・お手伝いさんにしていないか？　してよいのか⁉　という問題提起です。保育園は、子どもの発達を援助するとともに、それを支え見守る活動を通して、親の成長を援助し地域を支える拠点としての機能を有しています。ある保護者の声です。

「2人の息子を保育園にあずけたが本当にお世話になった。保育者に人生そのものを支えてもらった気がする。彼女たちの仕事の質を考えるとあまりにも賃金が安すぎる」

彼は、保育園の行事を支える保護者会活動へ参加することで地域住人として1人の親として自立できたと言います。ちなみに、賃金が安すぎるというのは公立保育園の職員の給料に対するコメントです。多くの現役保護者から同じような声をたくさん聞きました。そうだとするならば、運動会は、子どものみならず、保護者にとっても無くてはならない大事な年中行事（発達の節目？）なのかもしれません。

2つ目は、もちろん子どもの位置づけです。子どもを中心にすえた運動会になっているか？　子どもを中心にすえるとはいったいどういうことなのか？　具体的な日々の保育実践や体育遊びにおいてはいかなることなのかを自問自答する必要があると思うのです。それは、子どもと相談すればよいという形式的で単純な問題ではありません。現状の子ども1人ひとりの欲求に寄り添っていては、みんなで1つの活動・課題に取り組むということなど不可能です。すべての子どもの「うまくなりたい」という願いを、クラスみんなの共通の学習課題として立ち上げる（声にする）ということこそが、子どもの声を聞くということであり、子どもを中心にすえることにつながるのではないでしょうか。今ある子どもの「できる」ことを聞くのではなく、将来的に実現したい「明日の自分の姿（＝希望）」を聞くということが、運動会づくりでは不可避に求められます。

もちろん、運動会の種目決定の最終決定権は、運動会実施の中心的なリーダー役である現場保育者にあります。だからといって、当事者の子どもの声や、それを支える保護者の声に耳を傾けるという姿勢は必要ないとは言えないと思うのです。保護者に相談する方は10％弱、子どもに相談する方は50％弱でした。この数字をどのように解釈するかということよりも、相談しない方は、どのような根拠で種目を決定しているのでしょうか？　実は、その根拠こそが問題だと思うのです。三つ目の意図は、この種目選択・決定の根拠や論理の内実を考えるという点にあります。これは、保護者や子どもに相談する方にとっても問われる問題です。

「徒競争」よりも「リレー競走」のほうが就学前の運動会に相応しいのでは？　オープニングの集団演技は「組体操」より「民族舞踊」が、いや「音楽リズム」の方が良い⁉　等、この問題、実は、非常に悩ましい問題なのです。しかしながら、この問題に真正面に立ち向かうところから、カリキュラムづくりが出発します。もちろん伝統のマニュアルに従っていれば、このような問題に悩まされることは無いのですが…。

## 4.「順位付け」や「決着（勝敗）」は必要なのか？

　運動会への参加を問題視する大人の論理は、発展途上の子どもに〈競争〉を強いることの是非に集約されるといっても過言ではありません。ここでは〈競争〉という視点から運動会について考えてみたいと思います。

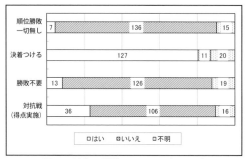

**図3　競争・勝敗について（n=158）**

　上のグラフは、保育者に運動会における〈競争〉の位置づけについて問うた結果です。保育園の運動会においては、小学校のように順位や勝敗をつけることを実施しているのは約5％、得点をつけることを実施しているのは、20％程度でした。ところが、約80％の方が、勝敗を競う〈競争〉が必要であり、競争場面において決着を明確にする（勝ち負けを曖昧にしない）ことを不必要だとは考えていないということがわかりました。

　小学校のような紅白に分かれて得点をつけ勝敗を競うというような形式の運動会を実施している保育園は少数であるが、〈競争〉や〈勝敗〉を全面的に否定する方はほとんどいないというのが実態のようです。

　一昔前のことですが「順位をつけない運動会」が話題となり、徒競争が運動会から姿を消した時代がありました。そこでは、みんなの協力なしには達成しえない「組体操」や「マスゲーム」、「踊り」などが中心となります。「競

争」そのものを全面否定するのは、それはそれで問題だとは思うのですが、「競争原理」が金科玉条の如く扱われる現代日本においては、今度は逆に〈競争〉をしない方が、白眼視されるような風潮が生まれています。また、小学校や中学校の体育指導における勝利至上主義の弊害は枚挙に暇がありません。今日のような社会背景や競技スポーツの実態を考えると、多くの保育者が「就学前も〈競争〉が必要である」と答えたことに手放しでは喜べないのではないでしょうか。

　アンケートの結果にもあらわれていましたが、小学校のような形で各年齢の子どもが2チームに分かれ総得点で勝敗を競うという形式を取り入れている保育園は少数です。公立保育園では皆無でした。しかしながら、年中・年長の種目によっては、クラス対抗或いはクラス内で勝敗を決することはすべての保育園で見受けられました。特に、ほとんどの保育園は、年長さんのリレーがクライマックスを締めくくる最終種目として位置づけられていました。クラス対抗或いはクラスを2つに分けて勝負を競い決着をつけます。このチーム対抗リレーは単純な競技種目なのですが、子どもも保護者も大いに盛り上がるのです。勝者は勝利に歓喜し、敗者は涙を隠すことができません。年に一度の運動会の晴舞台。誰もが勝利し喜びたいでしょうが〈競争〉は、それを許しません。必ず半数は敗者になるという過酷な状況を、年に一度の運動会のクライマックスにもってくるのはなぜでしょうか。

　全体で、総得点を競うことが無くても、勝敗を競い、勝ち負けの結果を明確に示すという活動は、就学前の運動会においても無くてはならないものとなっています。〈競争〉抜きに保育園の運動会を考えることは難しいよ

うです。

　先にも少し触れましたが、受験競争の過熱・激化が社会問題としてクローズアップされた時代に、学校現場においては、〈競争〉よりも〈協同〉をというスローガンのもと、運動会が槍玉に上がったことがあります。しかしながら、スポーツに代表される〈競争〉を特徴とする身体運動文化（遊び）は、本質的に〈他者〉を前提としており〈協同〉とも不離一体の関係にあります。しかしながら、身体運動文化そのものが、他者との関係を切り刻むような人間疎外の要因（ある種の副作用）を持っているのも事実です。

　この人間疎外の要因（ある種の副作用）を如何にして克服し、①健康の保持増進、②身体能力の形成、③集団資質の形成、等の教育的機能を有効に働かせるのかが課題であると考えられます。保育園における運動会のあり方を考える際にも、この考え方は押さえておくべき重要な論点だと思われます。

## 5．すべての子どもが輝く、子どもが主人公の運動会を求めて

　これまで、アンケートの結果を手がかりとして運動会について考えてきました。

　まず第一に、運動会は、多くの保育者がその必要性を認めており、保護者の願いに支えられた年中行事であること。そして、その歴史をひも解くと「軍事教育」と密接な関係をもつ日本固有の学校行事がルーツであり、軍事色が払拭されたと言われているものの、「行進」や「集団美」の強調等、形式的にはそのころの名残りと思われる要素も含んでおり、それをどう考えるかが課題であることを述べました。そして、その際に、運動会のありように正解はない（自分たちで創造するしかな

い）ことと、現在多くの保育園で行われている運動会は、多様な願いや意図に支えられ、子ども、保育者、保護者が、継承・発展させてきた年中行事であると捉えることの重要性を指摘しました。

　第二に、運動会が、保護者へ子どもの成長を見てもらう「公開保育」として強く意識されていること、それゆえに、当日の「見栄え」が自己目的化し、子どもをうまくさせるだけの受身の対象として扱う指導を容認する風潮を生み出す可能性があることを述べました。そして、保護者は運動会当日だけを見ているのではないこと、日々のプロセスにおいて、我が子を含むすべての子どもが大切にされているかを見ていること、そしてその視点は、すべての保育実践に貫徹されるべき視点であること、さらに、それは体育指導においては困難を極める課題であることを指摘しました。

　第三に、誰が、どのような根拠で運動会の「種目」を決めるのかについて考察しました。運動会で行う「種目」は、子どもにとっては、新しい自分（＝新しい「できる」）の内実そのものであり、「みんな」が「みんな」で取り組むに値するものでなければなりません。目標であり培う力の中味に大きく関わるこの種目、子どもや保護者との合意形成のプロセスでもあることを指摘し、保護者や子どもをどう位置づけるのかを自問自答することの意義を述べました。そこでは、保護者にせよ子どもにせよ、単なる見物人や受け身な存在として考えないことが重要であることを強調しました。

　最後に、運動会や体育・スポーツの大きな特徴である〈競争〉＝〈協同〉の教育的機能に触れ、それを二律背反のものとして捉えないこと、〈競争〉のもつ人間的疎外の要因（副

作用）を常に念頭においておくことの必要性を指摘しました。

　少し抽象的な議論になってしまいましたが、要は、自分たちでどんな運動会を創るのかを、自前で考えましょうということです。次章では、その手立てを考えるためのヒントになるよう、実践事例を交えつつ、具体的に考えて行きたいと思います。

## II.　「できる」「できない」の壁を　　乗り越える<sup>(注)</sup>

　1年に一度の運動会で、どんな新たな「できる」を、大好きな仲間や保護者に披露するのか⁉　これは、子どもにとっても、保育者にとっても重大な関心事であることは間違いないと思います。

　そして、多くの保育者は、すべての子どもの新たな「できる」を保障することに心を砕き、その指導のあり方をめぐり苦悩の日々を送ることとなるのではないでしょうか。運動会の当日までに、みんなの「できる」が達成できなかった場合はどうしようか？　そもそも運動会に向けて「みんなで『○○』ができるようにがんばろう！」という目標を掲げてもよいのだろうか…悩みの根源は、「できる」と「できない」の壁にあるようです。

　かつて、若い保育者から、次のような趣旨の質問をうけました。

　運動の苦手な子どもの保護者から、「運動会で『逆上がり』や『側転』等の発表会のような、できない子どもを“さらし者”にするような運動会は、してほしくない」と言われた。私は、運動会までに、みんなの「できる」を保障する自信もないし、保護者を説得し納得してもらう自信もない。だから、どうして

も私は、ある特定の運動の技の「できる」を、運動会で扱うことができない。

　ここでは、具体的な実践を紹介・分析しつつ、この保育者の苦悩を共有し、解決の方向を模索したいと思います。

### 1.　3回チャレンジしてだめだったら「お助けマン」を呼んでもいいよ

　まず、最初に2枚の写真をご覧ください。みなさんはこの写真を見て、どう思われますか。写真1は、4歳児（年中さん）の「登り棒」の1シーンです。この子どもたちは、赤チームと青チームに分かれ、登り棒のリレーをしています。全員が、登り棒を終え、さきに全員整列した（そろった）チームの勝利です。当然、すべての子どもが棒の上のタンバリンにタッチできないと、次の走者にバトンタッチできません。登り棒ができない子どもにとってはたまったものではありません。当日できない子どもはどうなるのでしょうか。その答えがこの写真です。3回チャレンジしてできなかった場合は、同じチームの仲間を「お助けマン」として呼んでよいのです。

　写真2は、5歳児（年長さん）の障害物リ

**写真1　4歳児「登り棒」のお助けマン**

**写真2　5歳児「逆上がり」のお助けマン**

レーのシーン（連続写真4コマ）です。こ
こでも赤チームと青チームでの2チーム対
抗リレーという形式で、勝敗を競います。こ
こでは、「逆上がり」以外に、「側転」「跳び箱」
「戸板登り―跳び下り」「ミニハードル」等の
運動課題が、障害物として登場します。そし
て、できない場合は、3回チャレンジしてだ
めだったら「お助けマン」を呼びます。子ど
もたちは、相手チームに勝ちたいですからス
ムーズに障害（運動課題）をこなして次に進
もうとします。焦るチームメイトを尻目に、
何度もチャレンジする子ども、チャレンジす
ることなしにすぐに「お助けマン」を呼ぼう
とする子ども。色々な反応が保護者の笑顔を
誘います。

　大学生に、この写真（映像）を含む保育園
での運動会のビデオを紹介すると、必ず歓声
をあげ「素敵だ！」と評価してくれます。そ
して、みんな口を揃えて、「こんな運動会に

は出会ったことがない。こんな運動会だった
ら体育嫌いにならなかった」と語るのです。

　大学生（子ども）は、たとえできなくても
全力で頑張っている姿を評価してほしいと心
から願っています。ところが、多くの大人（指
導者）は、結果（できる―できない）のみに
目を奪われがちです。子どもは、結果（でき
る―できない）にこだわらず、チャレンジす
る姿、それを支え助けてくれる仲間の存在、
並びに、そのような場面を提供している大人
（指導者）の存在を求めているのです。

　例え、運動会当日だとしても、失敗したり、
うまくいかなくても良いのではないでしょう
か。そもそも、「運動あそび（スポーツ文化）」
の世界は、失敗や敗北を前提とした（含みこ
んだ）世界にほかなりません。完璧などは存
在しないのです。そういう体育・スポーツに
対する見方・考え方を、保育者と保護者とで
共有するという視点に、「できる」「できない」

の壁を乗り越える第一のヒントが隠されていると思うのですが、いかがでしょうか。

「運動会で『逆上がり』や『側転』等の発表会のような、できない子どもを "さらし者" にするような運動会は、してほしくない」という保護者の声には、「私たちの目指す運動会は、単なる『逆上がり』や『側転』の発表会ではありません。『逆上がり』や『側転』を題材にして、みんなで "競い" みんなと "繋がり" 本気で "遊びこめる" 子どものための祭典なんです」「例え『失敗』しても、『できなく』ても、最後まで "本気" で頑張る子どもとそれを支える子どもの姿をこそ見てください」と答えたいと思います。

## 2.「できない」は乗り越えられる‼―子どもの "本気" を生み出す手立て・仕掛け

"競い" "繋がり" "遊びこむ" 子どもの本気の姿を生み出せば、「できる」「できない」の壁を乗り越える可能性があることを指摘しました。そこで、ここでは、その子どもの "本気" を生み出すための手立て・仕掛けについて考えてみましょう。「頑張れ」という掛け声（精神主義）で、子どもの "本気" が出れば苦労はしません。そもそも、子どもたちは、いつも頑張っています。ここでは、運動あそびの指導・支援における、この「頑張れ」（精神主義）という言葉を一旦封印し、子どもの "本気" を、育み・継続させるための手立て・仕掛けを考えてみたいと思います。

### (1)「運動音痴」は、存在するのか？―手立て・仕掛けを考えるにあたって

「運動能力が平均以下、もしくは他人より劣っている人間及びスポーツ全般を苦手とする者」或いは「運動スキルが劣っている、も

しくは未習得の者」の事を「運動音痴」と表現することがあります。確かに、同じことを習っても、すぐにうまくなる子とそうでない子が存在します。しかしながら、「うまくなる」「できる」までに相対的に時間がかかること、或いはスキルを習得していないことイコール「運動能力」なるものが劣っていることになるのでしょうか。あるいは、そもそも、生まれつき「運動能力」が低い子どもなるものが、存在するのでしょうか。

答えは否です。先天的（或いは後天的）に運動遂行機能に何らかの問題や欠損があり特別な配慮を必要としない限り、人間は、既存の運動あそびやスポーツ活動のスキルを習得するための基本的な能力をみな備えています。就学前にいたっては、その能力は無限に近いと言っても過言ではないでしょう。

最近の赤ちゃん研究においては、赤ちゃんは地球上のどの地域に生まれ落ちても、その土地で使用している言語を獲得することが可能であることが明らかにされています。どのような環境下（言語圏）に生まれ落ちても、音声の違いを聞き分け、その意味（使われている文脈）を察知し、その音声を発するための運動パターンを習得する（この部分はまさに運動スキルの獲得に他なりません）、という一連の学習を可能にするための基本的な能力をもっているのです。裏を返せば、生まれながらにして○○語がうまい、○○語が堪能な子ども等存在しないということでもあります。日本人は、英語を生活上の必要性からではなく、学校の勉強（教科学習）として学習する場合が多いので、「下手」「できない」「苦手」等の意識を持ちます（評定と称して烙印を押される？）が、英語圏に生まれ落ちた子どもたちは、特に、発達上のハンディがない

限り、みな英語が喋れるようになります。「喋れない」＝「できない」子どもは存在しません。我々日本人も、英語のみならずあらゆる言語を習得するための基本的な能力を兼ね備えています。学習の必然性（子どもにとっての意味）と学習の環境（習熟のための経験を含む）さえ整えば、どんな言語も習得（喋れる＝できる）が可能なのです。運動あそびやスポーツ活動のための運動スキルの獲得もまったく同じことがいえるのです。

すべての子どもが基本的な運動スキルを獲得するための無限に近い可能性と能力を備えているという観点から考えると、「運動音痴」は存在しません。ましてや、生まれながらにして、運動ができない、嫌い、苦手だという意味の「運動音痴」は存在しません。子どもたちは、運動あそびの（子どもにとっての意味）と適切な環境（習熟のための経験を含む）が準備されれば、できるようになる力をみな備えているのです。

ある意味で、「運動音痴」や「運動神経が鈍い」という言葉は、指導者（或いは学習者）が自らの指導力量・意欲（或いは学習意欲）の無さを、隠蔽し誤魔化すためにつくり出され、広がった、子どもの無限の可能性を踏みにじる「造語」であると考えられるのです。

(2) それでも「できない子・苦手の子」は居る⁉という実感の正体―「育ちそびれ」

それでは、目の前の子どもたちの姿から、多くの保育者（指導者）が、「運動ができない・苦手な子」と感じている、偽りのない"実感"の正体は何なのでしょうか？　その正体の1つは、本来、日常生活において経験すべき事柄が経験されておらず、運動あそびやスポーツの前提となる基礎的身体運動感覚や能力が

育っていないという「育ちそびれ」の問題として捉えることができます。

例えば、今日小学校では、マット運動、鉄棒、跳び箱等いわゆる器械運動の指導が極めて難しくなっています。この事実については、多くの実践研究の結果、以下の2つが明らかになっています。

1つは、その原因についてです。器械運動の学習に必要な「逆さ感覚」「腕支持感覚」「体幹のあふり」等、以前は就学前の「生活・遊び」で培われていたものが、まったく欠落したまま小学校に入学してくる子どもが大量に増えているということです。たくさんの「育ちそびれ」の子どもたちの存在が、「できる」「できない」の壁として大きく立ちはだかっているのです。例えば、ハイハイで培われる腕と脚の協応動作が欠落しているということも随分以前から指摘されていますが、これも「育ちそびれ」の典型であると考えられます。（丸山美和子『リズム運動と子どもの発達』かもがわ出版 2007年）

もう1つは、「育ちそびれ」克服の手立てについてです。以前は就学前の「生活・遊び」で培われていたであろう「逆さ感覚」「腕支持感覚」「体幹のあふり」等の基礎的な身体運動感覚を獲得すれば、みなできるようになる、そのための指導の順序性がある程度解明されつつあるということです。ハイハイを十分に経験していない幼児に、ワニやトカゲ（爬虫類）やクマ（高ばい）等の動き模倣するという取り組みも、そのための指導の手立ての1つでしょう。

「育ちそびれ」の原因、すなわち「子どもの躓きの原因」を明らかにし、そのための手立てを考えれば、「できる」「できない」の壁は、克服可能なのです。

　繰り返しになりますが、生まれながらの「運動音痴」は、存在しません。何らかの経験が不足している／活動に出会っていないだけなのです（＝「育ちそびれ」）。そして、その「育ちそびれ」克服の手立てについても、十分ではありませんが、実践研究も蓄積されています。

　保育現場では、「この子は、まだ十分『からだ』ができていない」という表現をよく耳にします。運動が苦手で、動作がどことなくぎこちない不器用な子ども、集中力が持続せず運動あそびを回避しがちな子どもの状態を表しているようです。就学前の小さな子どもたちと一緒に過ごしていると、「まだ『からだ』ができていない」という表現がしっくりくるのが実感できます。この「まだ『からだ』ができていない」という表現は、運動あそびや体育的活動のための運動学習（「できる」「うまくなる」）の前提となる何かが欠落している状態を、示唆していると考えられます。この欠落しているものの内実・中身は、何なのでしょうか？　この内実・中身をどう捉えるかが、「できる」「できない」の壁を乗り越えるための第一の重要なポイントです。

　「『からだ』ができていない」という表現から、筋力や骨格等の成長の問題（生物学的な意味での未発達＝未成熟）といったイメージが想起されるかもしれませんが、ほとんどの場合そうでなく、動き方（動作の協応）の問題、つまり、動き方が「わからない」、タイミングよい動きができないという問題なのです。

## （3）「非日常の世界」を提供するという視点 ──保育実践としての体育指導

　就学前の体育に限らず、公教育の学びには、日常の生活では出会うことのできないちょっと素敵な憧れの世界やカッコイイ文化（＝非日常の世界）との出会いがあってしかるべきなのです。子どもにとっては「ワクワク・ドキドキ」が、あるかどうかということです。とりわけ、保育においては、「ワクワク・ドキドキ」が、子どもにとっての学びの決定的な原動力（意味）となります。

　「できる」という側面のみに一面的にこだわり、その効率性を追求すると、「ワクワク・ドキドキ」の「非日常の世界」という視点は、忘れ去られてしまいます。運動会の直前そのような光景がよくみられませんか？　"子どもが本気で遊びこんでいる"か、"保育者主導の剥き出しのトレーニング・訓練になっている"かの違いは、「非日常の世界＝ワクワク・ドキドキ」が存在するかにかかっていると言っても過言ではありません。この事実は、保育実践は、生活と遊び（丸ごとの活動）を通して行われるということと密接に関わっているともいえます。保育実践としての体育指導を創造する必要があるといっても良いでしょう。

　この「ワクワク・ドキドキ」は、①獲得する技の世界＝日常では出会えない、②友だちとの本気の勝負（幼児）、③模倣・表現（乳幼児）、を必要不可欠の要素としていると考えられます。子どもにとっての意味ある世界として、体育的活動を構想しない限り、「できる」「できない」の壁を乗り越えることはできないのです。

## Ⅲ．「勝ち」「負け」の壁を乗り越える(注)

　ここでは、身体運動文化（運動あそび・スポーツ）の人間疎外の要因（副作用）を回避し、その感動と生きる力をすべての子どもに

保障するための手立て（＝保育実践としての体育指導のあり方）について考えてみたいと思います。

## 1. なぜ「競争」が必要なのか？

　フィールドワークで、保育園（年長さんのクラス）に通い始めたころです。逆上がりや側転など、それ自体が豊かな文化的価値を有する活動（教材）が、障害物競争の"生障害物"として扱われているのに出会いました。逆上がりや側転の技能習熟におけるつまずきの実態やスモール・ステップを研究している者にとっては、スピードを競うリレー競技の１つの要素（障害）として扱われていることに疑問を感じました。運動会では、幼児組は赤と青のチームに分かれ各種目ごとに点数をつけ、勝敗を競っていました。保育園というところは、子どものやる気を引き出すために、何でもかんでも競争にするところなんだ…。

　その思いを園長先生に率直にぶつけました。意外にも、「子どもが主人公の運動会をしたいから」という答えが即座に返ってきました。障害物の１つとしてではなく逆上がりや側転そのものの"できばえ"を目標にしてしまうと、運動会が逆上がりや側転の作品発表会になってしまうというのです。そして、作品発表会になったとたん、運動会から子どもたちが本気で競い合う（＝遊びに本気で打ち込む）姿が消えてしまうというのです。

　大好きな親に褒められたいために頑張るという、大人の視線を気にした子どもたちの姿は、もはや運動会の主人公ではないとの、多くの実践を踏まえたうえでの指摘は刺激的でした。徹底的に競争にこだわる背景には、誰のための、何のための運動会なのかという根本的な問いかけがあったのです。さらに"発表会的"運動会の弊害として、子どもを「できる」「できない」でしか見なくなるという点を強調されました。

　そうです。"発表会的"運動会は、すでに指摘した"見栄えだけにこだわる"子ども不在の運動会、「できる」「できない」が絶対的な基準となってしまう悪しき体育指導の温床であるというのです。

　この保育園では、長年の実践の総括から、"子どもが本気でその活動に打ち込んでいる"という視点を重視しない限り、運動会は"作品発表会"＝"見世物"になってしまい、"運動あそびの感動と、そこで培えるであろう"生きる力"をすべての子どもに保障することはできないという考えにたどり着いたと言えそうです。そこでは、年少さんは「模倣」、年長さんは「競争」が、子どもの本気を引き出す仕掛けの根本原則に位置づいていました。運動会の練習も、予行演習とは言わず"第〇回運動会ごっこ"と命名し、運動会当日までのプロセスで、子どもの本気を引き出すように工夫されていました。

　そこには、保育実践としての体育指導を考える際に最も重要で忘れてはならないあたりまえの視点が隠されていました。それは、保育実践は「遊び」を通して行われるという視点です。作品発表会は、子どもにとってもはや「遊び」ではありません。運動会を徹底的に子どもたちの"遊びの祭典"として考えるという視点は、保育実践としてあたりまえのことだと言えます。そして、運動あそびの背景にある、身体運動文化（広義の意味でのスポーツ）も、本来的に非日常の"遊び"にほかなりません。そもそも体育指導は、遊びをまじめに指導するという矛盾を抱えています。

　スポーツ運動に限らず、人間の活動は、「実

務性」と「虚構性」という２つの顔（側面）をもっています。「運動あそび」で体力や社会性が身につくという議論は、実務性に着目したものだと言えます。楽しい、勝ち負けを競う、我を忘れて打ち込む、というのは虚構性における議論でしょう。体育指導を保育実践たらしめる基本原則は、この遊びを遊びたらしめる虚構性を豊かにふくらませるというところにあるのではないでしょうか。

　遊び研究の先駆者であるカイヨワは、「競争（アゴーン）」「偶然（アレア）」「模倣（ミミクリー）」「めまい（イリンクス）」という四つの遊びのカテゴリーを提唱しています。Ｎ保育園の運動会は、子どもが主人公の運動会を実現するため、運動会を遊びの祭典と位置づけ、年少さんは「模倣（ミミクリー）」年長さんは「競争（アゴーン）」を重視していたと考えられます。

　子どもたちは、虚構の世界の住人です。保育園は、その虚構の世界を豊かに育む拠点です。実務性のみで評価される大人の世界とはそもそも次元が違うのです。逆上がりや側転は、虚構の世界を豊かにするという点において、はじめて子どもたちにとっての意味が浮かび上がるのです。小学校における教材としての意味とは全く次元の違う意味を持っているのです。それを不当だと感じた私の体育指導観のなかに、保育実践を理解するにあたっての弱点があったと言えるでしょう。

　子ども時代に、たっぷり「競争（アゴーン）」「偶然（アレア）」「模倣（ミミクリー）」「めまい（イリンクス）」の遊びの世界を経験することで、しっかりとした自我を形成し豊かな人間形成のための基礎的資質を培うことができるようです。運動会は、「模倣（ミミクリー）」「競争（アゴーン）」を基軸とした、

子どものための遊びの祭典としての年中行事であると言えるでしょう。

## 2.「競争」は、保育実践の目的？　内容？　方法？

　「競争」は、年長さんの子どもたちにとっては、虚構の世界（ワクワク・ドキドキ）を豊かに膨らませてくれる、なくてはならない仕掛けのようです。しかしながら、「競争」そのものが、保育実践の目的ではありません。子どもは虚構の世界の住人ですが、保育者は、そこで子どもたちに培われるであろう人間形成のための基礎的資質の内実について見通しをもっておく必要があるといえます。「運動あそび」という活動の「虚構性」を豊かに膨らませつつ、同時に進行するもう１つの「実務性」という側面にも目配りが必要なわけです。「競争」によって、子どもたちの本気が引き出せる―ワクワク・ドキの世界を提供できるのは、「競争」によって“喜怒哀楽”という感情の系が揺さぶられるからです。そもそも人間は、感情の系が揺さぶられてはじめて「意味」を見出すことができるのではないでしょうか。

　それでは、“喜怒哀楽”という感情の系が揺さぶられる経験そのものが、保育の目的あるいは内容と言えるのでしょうか？　その経験そのものが、内容的側面を持っていると言えなくはありませんが、それだけでは不十分であると思うのです。子どもの発達を支援する専門家として、“喜怒哀楽”という感情を乗り越えるための基礎的資質をも同時に身につけることを見通しておく必要があるのではないでしょうか。

　「競争」の過程で、勝てば歓喜し、負ければ悔し涙を流す。そのような経験を積み重な

る中で、子もたちはたくさんのことを学び、色々な力量を形成していくであろうと考えられます。何を学びどんな力を身につけているのかを丁寧に見取りつつその支援の手立てを構想する必要があるのです。

　負けるのがわかったとたんに活動をやめてしまっていた子どもが、最後まで全力で活動に取り組む姿を見たとき、保護者も保育者も子どもが成長したことを実感できます。そして、それは、競争による成功体験（勝利）のみでなく、失敗体験（敗北）によってこそ多くを学ぶことができるという点についても異論はないと思います。まさに「涙の数だけ強くなれる」のです。

　しかしながら、「競争」を組み込んだ活動をすれば、自動的にそのような子どもが育つのかといえばそうではありません。「競争」が、喜怒哀楽という感情の系を揺さぶるのは、日々の平穏な生活に"トラブル"を発生させ"矛盾"を激化させるからです。この"トラブル"や"矛盾"の解決過程にこそ、子どもの自我を育み、他者との関係を調整する力量を形成する契機が内包されているのです。同時に"トラブル"や"矛盾"は、子どもたちの意欲を萎えさせ、他者との関係を切り刻むという契機も合わせ持っています。そう、「競争」の副作用といえる側面です。幼児期の「競争」を否定する実践者・研究者は、多くの場合、この副作用を根拠にしているのではないでしょうか。

　「競争」を全面的に打ち出した「運動会」を展開していた初めて訪れた保育園では、「この副作用をどのようにして最小限にしていたのでしょうか。何年か継続的に保育園を訪問し色々な研究会に参加し議論する中で、それを可能にしていたのは（＝副作用を回避でき

たのは）、子どもの関係性を子どもたち自身の学びの対象に据え、子どもたち自身に変革させるという働きかけ（集団づくり）を重視していたからだということが、分かってきました。

　「競争」の副作用を緩和させるための重要な原則は、日々の保育実践において、子どもの関係性を子どもたち自身の学びの対象に据え、子どもたち自身に変革させるという視点を貫き、働きかけるということです。つまり、「勝ち」「負け」の壁を乗り越える秘訣は、日々の保育実践に「集団づくり」の視点を貫くということなのです。

## 3. 日々の「関係性づくり（集団づくり）」が、副作用を緩和する !?

　「集団づくり」という表現そのものに違和感や嫌悪感を抱く方もおられるのではないでしょうか。「北朝鮮の軍事パレード」を彷彿させるような、集団行動や規律訓練をイメージされている方もおられるかもしれません。もちろん、「集団づくり」は、イコール集団行動や規律訓練ではありません。

　「私は、１人ひとり（個性）を大事にしたいから、"集団づくり"はしません／嫌いです !?」という発言もよく耳にします。しかしながら、「集団づくり」は、個性を蔑にしたり、個性と相反するものではありません。むしろ１人ひとり（個性）を、最大限尊重するからこそ、「集団づくり」が必要となるのです。

　ここでは、「全国保育団体合同研究集会（以下「全国合研」）『子どもの生活と集団づくり』分科会」で学んだことを踏まえて、「競争」の副作用緩和に必要不可欠である「集団づくり」について考えたいと思います。

## (1) 集団づくりの困難さと必要性

「全国合研『子どもの生活と集団づくり』分科会」に初めて参加（第 37 回広島大会、2005 年）して一番驚いたのは、多くの参加者が「今時の子どもには、"集団づくり" は無理⁉」だと主張されていたことです。みなさんの声を集約すると大きく 3 つの理由が存在します。

1 つは、「体当たり、噛み付き、パンチ、脅迫、恫喝 etc.─暴力という手段でしか自己表現ができない暴走する "からだ" の子どもたちに、集団づくりは無理だということでした。

暴力という手段でしか自己表現ができない子どもは、みんなと関わることが下手な子どもであり、まさに集団への参加が難しい子どもであると言えます。それは、同時にみんなと遊べない子でもあります。保育園にきてみんなと遊べないという状況は、子どもの発達の権利がはく奪されている状況といっても過言ではありません。

そして、暴力という手段でしか自己表現ができない子どもの問題は、その子ども自身の個人的資質の問題ではありません。暴力を容認する関係性（集団・社会）の中で形成されたものであり、あらたな関係性（集団・社会）の中でしか、それを変容させることはできないと考えられます。

したがって、私は、暴力という手段でしか自己表現ができない暴走する "からだ" の子どもたちだからこそ、集団づくりが必要不可欠だと考えています。暴力から話し合いの関係性を粘り強く構築するプロセスそのものが、集団づくりにほかなりません。

2 つ目は、保護者が集団づくりなど望んでいないと感じられるということです。過保護、過干渉、他者と交われない "我が子中心的な

保護者" が多い中、「みんなにとって何がいい」を問うような集団づくりの取り組みをしても、理解されないどころか、受け入れてさえもらえないという不安があるとのことでした。そこには、「格差社会」に象徴される生きづらい現代社会のなかで孤立化させられている保護者の姿があります。"我が子" の幸せは、"みんな" の幸せと相反するものではありません。保護者も、育児不安、ストレス、親としての自身の喪失等、色々な悩みを抱えているはずです。それを共有することも、ある意味で集団づくりといえます。

3 つ目は、保育者自身が、協力・共同の経験が乏しく、優しいが、仲間はずれ、批判、失敗に過剰に反応するという現代的な気質をもっており、「みんなにとって何がいい」を問い、相互批判が要求されるような集団づくりを求めていないのではというのです。相互批判がないような集団では、職業人としての成長は期待できないのは明らかです。発言できないということを個人の資質の問題として捉えるのではなく、職場の中に、相互批判がしやすいような関係性がないことこそが問題であると考えるのが集団づくりの立場であり、そこから集団づくりが始まるのです。

以上、現代の保育園について、いかに集団づくりが困難な営みであるかということと、同時に、だからこそ集団づくりに取り組む必要があるということを述べてきました。

自殺者が世界一、50 歳になっても幸福感を感じることができにくい生き辛さが蔓延する現代の日本社会、その中で日本中に被害をもたらした数々の自然災害、ウイルスによるパンデミック。今の時代ほど「みんなちがってみんないい」と同時に「みんなにとって何がいい」を問うことの必要性が再認識されて

いる時代はありません。個の力量と同時に関係性（＝集団の質）を問うことが求められているのです。

## （2）集団づくりの方法論　―実践研究の成果と到達点―

　暴力を振るう子どもは、みんなと遊べない子どもです。みんなと遊べない子どもは、運動あそびに参加できない子どもでもあるわけですから、集団づくりの問題であると同時に体育指導の問題でもあるのです。

　ここでは、生活場面や運動あそびにおいて生起する"トラブル"や"問題状況"を、みんなの問題として取り上げ、それを克服する過程そのものを、集団づくりと考え、そのプロセスについて説明したいと思います。

### ①トラブルを、子どもの豊かな学びと発達の原動力に

> ・トラブルに潜むメッセージと集団の関係性を読み解く
> ・関係性そのものがないクラス（トラブルを仕掛ける必要性）

　他者の命に関わるような問題は別として、日々の生活や運動あそびの場面で発生するトラブル、いわゆる"子どもの問題行動"は、多くの場合、大人の側／保育者にとっての問題といえるのではないでしょうか。そもそも、大人の思惑通りに行動しない／できないのが子どもであり、衝突しトラブルを潜り抜けることによって、はじめて社会的ルールや集団規律の意味を獲得することができます。意味の獲得を蔑にして行動パターンのみを叩きこむのが調教であり管理主義教育と呼ばれるものです。そのような文脈では、トラブルは、

撲滅すべきものであり、トラブルを発生させないことが自己目的化して行きます。

　そもそも保育実践の場からトラブルを無くすことなど無理だと開き直り、子どもがなぜそのような行動をとるのか、その背後にあるメッセージを丁寧に読み開きつつ問題解決の道を模索する、集団づくりはそこから始まります。理想の集団を想定し、そこに子どもを当てはめる、あるいは社会的ルールや集団規律をトレーニングすることが、イコール集団づくりではないのです。多くの場合、トラブルは他者との関係性の中で生起します。そもそも、ルールや規律は集団で共有されてはじめてその機能を発揮します。したがって、トラブルの解決過程は、その関係のあり方そのもの（集団の質）の変革をも同時に要求するのです。だから、集団づくりなのです。

　例えば、些細なトラブルですが「砂いじりをする」という問題行動を考えてみましょう。実は、保育園での質問ナンバーワンが「どうしたら砂いじりをする子どもをなくせるでしょうか？」というものです。そのための特効薬は持ち合わせていない私は、いつも「砂いじり撲滅は不可能です」と答えるようにしています。

　そもそも「砂いじり」という行為の何が問題なのでしょうか？　保育者にとっては、「まじめに話を聞いていない」ということなのでしょうが、なぜ子どもは話を聞こうとしないのかを考えてみてください。多くの場合、子どもにとって聞かねばならない必然性（子どもにとっての意味）がないのです。活動に見通しが立ち動きたい子どもにとっては「早く動きたい」「もうわかっている」というサインかもしれません。活動に見通しが持てない自信のない子にとっては「やりたくない」「わ

からない」「不安だ」というサインかもしれません。

このサインの意味を踏まえないで「砂いじり」という行動だけをやめさせるのか、サインの意味を踏まえながら活動や説明の中味／方法を検討するのかで、随分保育実践の中味は変わってくるのではないでしょうか。

ところで、この「砂いじり撲滅」という課題は、正確には、生活指導上の課題であり、本来の体育指導上の問題ではありません。ワクワク・ドキドキの遊びの世界を楽しもうとしているときに、生活指導ばかりが幅を利かすと、本来の保育実践の意義が萎えてしまうという点にも注意する必要があるでしょう。子どもの豊かな学びと発達の原動力となるトラブルは、遊び（虚構の世界）の中で発生する問題行動（独占や暴力）に見出すことができます。

関係そのものがないクラスというのは、徹底的に躾けられており、子どもたちが本音を出し合わない（トラブルが起こらない）集団ではないでしょうか。本気で遊びこむことができない集団と言いかえることができるかもしれません。そんな集団には、何でもありの虚構の世界で、しっかりと本音をぶつけ合い喜怒哀楽を経験してもらうというところから、集団づくりがはじまります。

## ②受容・共感しつつ要求を掘り起こし（代弁）形成する

- 最も弱い子どもの活動への「参加」と「意見表明権」の保障
- 意見表明・合意形成のマナーと作法を身につける

乱暴者でボス的存在の力の強い男の子が、仲間の失敗やチームの負けが許せず暴れるという場面は、幼児のボールゲーム活動においては頻繁に見かけます。この子の問題行動を、道徳的なレベルで叱責・指導するだけでは、子どもの豊かな学びや発達には結びつきません。このトラブルを子どもの豊かな学びや発達に結びつけるためには、暴れるという行為の問題性を厳しく指摘しつつも、その背景には「勝ちたい」「他の人もうまくなってほしい」という願いが存在することを引き出しクラスのみんなで共有することが求められるのです。

一方、ボール遊びの経験の少ない子どもは、活動への見通しが持ちにくく、なかなか積極的になれません。しかしながら、どんな子どもも「うまくなりたい」「シュートしてみたい」という密かな願いをもっています。一見やる気がなさそうな子どもの、声にならない願いを声にし、みんなで共有することも求められます。

強い子と弱い子の願いが一致することを確認し共有することで、はじめて子どもたちは集団で学ぶことの意味と楽しさを見出すことが可能となるのです。

「競争」の過程においては、弱い子どもの参加が難しく、多くの場合、自分の願いや思いを声にすることができないということに十分注意をはらう必要があります。それは、その子の弱さであり克服すべき発達課題といえいます。この発達課題の克服を個人的な問題にせず、クラスみんなの課題として共有するという点が重要なのです。集団づくりの必要最低条件づくりといっても良いかもしれません。このこと無しに、競争の副作用を緩和し「勝ち」「負け」の壁を乗り越えることはできないのです。

③あらゆる場面で自治集団を目指して ─ 班、核、討議、当番活動

- 班（チーム・グループ）：仲間、居場所、学びの拠点・基地
- 核（リーダー／ボス）：垂直関係から水平関係へ
- 討議（話し合い、作戦会議）：人の話を聞ける力が重要
- 当番活動（cf.あそび、課業）：継続性・計画性指導

運動会や運動あそびにおける競争は、個人だけでなく、多くの場合チームやグループで行われます。このようなチームやグループで活動することがイコール「集団づくり」であると捉えられることもありますがそうではありません。班、チーム、グループ等の小集団における活動は、集団づくりにおける重要な要素ではありますが、全てではありません。逆にいえば、班やチームでの活動をしていれば集団づくりをしているというのも間違いです。チームゲーム（運動あそび）をしていれば、チームワークが身につき、班活動をしていれば、民主的な集団が形成されるわけではありません。それは、内容（スポーツ活動）或いは、方法（班活動）への一面的な依存（おぶさり主義）であり、ともに子どもの学び・発達の実態を見ようとしない点に弱点と問題性が存在します。

班（チーム・グループ）には、競争で、負けた時や失敗した時、萎えた心とからだを癒してくれ、辛い練習にくじけそうなときに支えてくれる側面（保護機能）、負けた原因や課題を見つけ・指摘し、もっとうまくなろう・

表2　集団づくりの支援過程と課題

| | | | クラス（生活）集団づくり | チーム（学習集団）づくり |
|---|---|---|---|---|
| ねらい | | | 【すべてのこどもを生活の主体へ：生活規律の確立】<br>・民主的で楽しい関係構築、権力的・暴力的関係排除<br>・子どもたちの要求の組織化 | 【すべての子どもを学習の主体へ：学習規律の確立】<br>・日常的人間関係からの開放、関係の再構築<br>・課業を、集団思考の場面として組織する |
| 支援の主要三側面 | 小集団（班） | | ・実務的活動（掃除、給食などの当番活動）<br>・文化活動（レク・飼育・栽培などの係り活動）<br>・コミュニケーションづくりおよび要求の組織化 | ・全員発言・全員参加の保障<br>・情緒的一体感・安心感、多様な意見保障・交流／保護機能<br>・相互援助・相互批判および学習要求の組織化／要求機能 |
| | リーダー（核） | | ・集団的活動を組織する能力の意図的育成<br>・選出、罷免、相互批判、相互援助を指導する<br>・ボス／班長／リーダーの区別と関連 | ・学習課題の中身に従属する<br>・自身が「わかる」「できる」「楽しむ」権利を有する<br>・構成員の学習要求に応じて教師と対峙する |
| | 話し合い（討議） | | ・活動（問題行動・生活規律、クラス行事・文化活動）の目標・理由・期間を決める<br>・「意見のたたかい」を通して「価値の選択」をする（みんなにとって何がよいかを決める） | ・学習活動を媒介とした応答的・水平的関係（対等平等）<br>・間違い・エラーが許される関係性<br>・発問・評価による「対立・分化（揺さぶり）」＝集団思考場面 |

※　実践や討論を整理するため便宜的に整理したものです

頑張ろうと叱咤激励してくれる側面（要求機能）という、2つの機能が存在します。まさに、競争による副作用を緩和してくれる仲間・居場所であり、虚構の世界で楽しむためのスキルやルールを学ぶための拠点であるといえます。そういう意味では、競争の副作用を緩和し、「勝ち」「負け」の壁を乗り越えるために、班（チーム・グループ）は、必須のアイテムといえるかもしれません。

いわゆる教授学における集団づくりの原則を、保育実践をイメージしながら集団づくりの支援過程として整理したものが、表2です。

学校教育を前提としたものからの援用ですので、必ずしもそのまま保育実践に適用できるものではありませんが、集団づくりの具体的な方法を検討する際の枠組みとしては十分意味があるものだと思います。

以上、「勝ち」「負け」の壁を乗り越えるためには、集団づくりが必要不可欠であることを述べてきました。保育実践における体育指導（運動あそびの指導＝課業）が集団づくりと密接に関わっていることがわかっていただけたのではないでしょうか。課業や授業の場面は、いわゆる生活指導場面とは相対的に区別されていますが、実態としては生活指導としての側面も有しています。ルールや規律を含みこんでいる運動あそびを扱う体育指導においてはその境目が特に曖昧なのです。それゆえ生活指導一辺倒でも体育指導であるとみなされることもあるようです。しかしながら、保育実践の根幹は、虚構の世界で遊びこむという点にあります。ですから体育指導や体育カリキュラムを構想する際には、体力や社会性といった実務的な側面と同時に、虚構の世界を構成している文化性や技術性にも着目する必要があるのです。

## IV. 幼児の認識の発達と運動あそび（本書のまとめにかえて）

### 1. ねらいを明確にすることの意味

本書では、いくつかの運動あそびのねらいや進め方を示してきました。私たちは、日頃の運動あそびや運動会に向けての取り組みにおいて、子どもたちにどのような力をつけたいのか、そのためにどのような教材（運動あそび）を選択するのか、そして実際にどのような方法で行うのかについて検討していくことが大切だと考えています。保育者がねらいや教材、方法を明確にして保育に取り組むことは、子どもが今伸びようとしている力を引き出し、心と体をたっぷりと使って遊ぶことを充実させ、豊かにすると考えています。

また、あそびによる運動の感覚やその時の感情、そして認識（わかる）を大事にすることが、子どもの運動に対する科学的な視点を育む土台にもなると考えています（幼稚園教育要領等で言われる『10の姿』の（6）思考の芽生え、（9）言葉による伝え合い、（10）豊かな感性と表現、などにも関わります）[1][2][3]。

運動あそびを通して、子どもたちにどのように育ってほしいかを考えるには、幼児期の運動発達と認識発達の理解がとても重要になります。運動能力はどのような段階を経て発達していくのか、今子どもは何がわかっているのか、今何をわからせると良いのかを考える必要があるためです。

この運動発達と認識発達について大切にしたいことを、これまでの私たちの研究成果に基づいて以下に示したいと思います。

## 2. どのような子どもに育ってほしいのか

　私たちは卒園までに育ってほしい子どもの姿をどのように描けるでしょうか。また、各年齢においてどのような子ども像を描けるでしょうか。

　山本は運動あそびを通して育つ姿として、次のように卒園時の子ども像を描いています[4]。

「①自分自身について、できた・うまくなったという実感をもっている。

②友だちの動きと自分の動き、友だち同士の動きの違いを見つけ、教えあうことができる（技術の比較、技術認識、自己認識、他者認識）。

③友だちができるように、うまくなったことをみんなで喜びあえる（他者認識、集団認識、人権意識とヒューマニズム）。

④ルールの必要性や重要性について理解し、必要なルールづくりができる（ルール認識、社会認識）。

⑤みんなで決めたルールや約束事、順番が守れ、必要な準備や後かたづけができる（集団認識、社会認識）。

それぞれの子ども像の（　）内は、その子ども像を子ども達が自分のものにしていくために、『わからせる』必要があるものである」としています。

　例えば、②の「友だちの動きと自分の動き、友だち同士の動きの違いを見つけ、教えあうことができる」は、友だちと自分の技術（動き）の違いに注目させ、どこがどのように違うのかがわかっていくように見たり考えたりする取り組みが大切、ということです。つまり、「『なぜできないのか』『どこがちがうのか』の『なぜ』や『ちがい』を子どもたち自身が問うことが重要である」ということです。

　ただ、「がんばれ！」というのではなく、「どこをどのようにがんばればいいのかをみんなで見つけださせたい」のであり、そうした子どもの姿を運動あそびの中で育んでいきたいのです。（※第1章参照）では、どのような保育の取り組みをすればよいか、運動あそびで大切にしたい保育のあり方について以下に示します。

## 3. 運動あそびで大切にしたい保育のあり方
### （1）教え合いができる関係づくりに向けて（技術認識、他者認識など）

　「教え合い」の関係ができるにはどうしたらよいでしょうか。次に示すのは、ある保育の一場面です。

　「かけっこ」や「ボールあそび」「しっぽとり」などで遊んだ際、「○○ちゃんが一番だったね！　すごいね、みんなで拍手ー！」と上手な子どもや最後まで逃げきれた子どもが褒められる場面を目にすることがあります。一番上手な子が「優秀」とする保育です。よくある場面ですが、実はこのとき、2番目以降の子どもは「自分はダメなんだ」と劣等感を抱くことになります。

　「二分的評価（『大きい・小さい』『うまい・へた』などの比較）の芽ばえ」の時期を迎える3歳ごろから、「二分的評価の形成（比較ができる）」の時期である4歳、5歳児にとっては、「できる」「できない」の優劣を子どもながらに理解し、その気持ちは徐々に大きくなります。

　ゲームとなると勝敗はつきものですが、初めから勝った負けたを受けいれられる段階にあるわけではありません。子どもは遊びながら「その過程を楽しむ」段階があります。

　勝敗を楽しめるには、子どもが「勝つ」と

いう「目的的な行為」で遊べるようになってからです。私たちは「あそびの過程を楽しむ」段階から、「勝敗を楽しむ」段階へと質的なあそびの転換ができるように指導していくことが大切です。

そのためには、「勝ち負け」だけでなく、どのような技術の違いがあるのか（技術認識）に目を向けさせていくことが大切です。

１番だった子どもに「どうしたらできたの？」と投げかけ、うまく答えられても答えられなくても、子どもが発した言葉をみんなで共有していきます。言語化することによる技術の共有は、子どもたちが「こうすればいいのか」という次への見通しにつながり、体をコントロールする力にもなっていきます。すぐにはできなくても、技術的な変化が少しずつ生まれていきます。

技術の認識や他者の考えの理解は、「教えあい」の関係づくりにも影響していきます。何よりも、みんながうまくなっていくことで、さらにあそびが楽しくなっていくという感覚を実感できるように進めていきたいものです。

### （2）ルール認識～ルールづくりの過程を大切に～

子どもたちが運動あそびで最も遊び込む時は、自分（たち）が考えた面白いと思う遊び方（ルール）で遊んでいる時ではないでしょうか。

たとえば「おにごっこ」をする場合、「おには○人ね」「しっぽとりゲームだから半分にわかれようね」等、大人がルールを決めるのではなく、「おには何人にする？」「逃げる人は？」と投げかけながら子どもたちに考えさせることが大切です。子どもたちが考えたルールや遊び方は、子どもたちがそのあそび

について共通に理解している範囲や認識の表れです。子どもたちが共通理解や認識の範囲で決めたことを試し、面白くなければ、なぜなのかを考え、より面白くなる方法やルールを見つけていくことが大切です。たとえおにが多すぎて面白くない状況だとわかっていても、大人は口を出さないということも肝要です。

自分たちが考えたことの不十分さを感じることもあるでしょうが、考えて具体的に動いてみて理解していくこの認識の過程は、大人が話して聞かせた場合の理解とは明らかに異なり、より豊かな運動能力や認識発達を育むことになります。

保育者は交通整理に徹し、ルール認識を含めた様々な認識を育てていきたいものです。

### （3）「みんなで遊ぶ」ことを目標の１つに

次に、「みんなで遊ぶ」力を育むことについて考えたいと思います。園ではクラス単位で活動をする場合、運動面や認知面の様々な発達段階の子どもたちが遊ぶわけですが、何も働きかけをしなければ気の合う子ども同士だけで遊んでいる、という状況になっていることがあります。

1989年改訂の「幼稚園教育要領」（以下1989要領）、1990年改定の「保育所保育指針」（以下1990指針）には、環境を整えることで子どもが選択して主体的に遊び、自らの生活の力をつけていくという「環境決定論」「自然成長論」の考えが基盤におかれました。そして、その後改訂され2000年に全面実施された「2000要領」「2000指針」でも、同じく「環境構成重視の自由あそび型の保育形態」[5]のあり方（発達観）が主張される中、現在では様々な保育のあり方が検討され存在

しています。しかし、どの保育や教育のあり方であっても、自己・他者の理解や人間関係につながる集団づくりへの意識は持たなければなりません。様々な価値観の相互理解が求められる今の時代にあっては、幼児期からの将来を見据えた関係づくりの（みんなで遊ぶ）力を育んでいくことが求められていると感じます。

「みんなで遊ぶ」ということを目標にする、ということは、自分はどうしたいか、「みんな」はどう思っているかを出し合いながら、行きつ戻りつしながら遊ぶことになり、好きなことをして気のあう友だちとだけで遊ぶことでは見えてこない関係性が現れてきます。いつも同じ子同士で遊んでいる、遊びが長続きしない、トラブルが多く生じるといった現代の保育の課題[6]も見えてくるかもしれません。

また、クラスの「みんなで遊ぶ」ことを目標にした運動あそびの取り組みは、みんなで遊ぶ楽しさや心地よさを実感させたいというねらいの上にあります。それは後述する非認知的能力（社会情緒的能力）を高める経験としても、今の時代だからこそ必要なのではないかと考えます。

## （4）子ども同士が豊かに関わっていくために

子どもの育ちは、生活や遊びの時に生じる様々な事柄に対して、それを支える大人の関わりによってなされると言われます。つまり、運動あそびにおいても場面場面でどのように関わっていくのか、「どのような理論」で関わるのかがとても大切なのです。

私たち保育者が子どもに関わる場合、「人と関わるって心地いいな」「みんなと一緒にいるって心地いいな」「みんなに話しかけて

も大丈夫なんだ」と感じられるように、子どもたちの言葉や思いを受け取り、返していくことが大切です。

また、運動あそびは「できた－できない」や「勝ち負け」といった結果に目が向きがちですが、保育者が運動あそび独自の楽しさ、おもしろさを幅広く知っておくことが、子どもたちの豊かな結びつきを生み出す糧になります。その意味でも私たち自身がその遊び本来のおもしろさ（価値）を実感として知ることも大切になるのです。

## 4. 運動あそびから学ぶ可能性

おわりに、2017（平成29）年に告示された幼稚園教育要領（以下2017要領）、保育所保育指針（以下2017指針）、そして平成26年に告示され、改めて平成29年度に改定、公示された幼保連携型認定こども園教育・保育要領（以下2017教育・保育要領）について触れておきたいと思います[1][2][3]。

この新しい「2017要領」「2017指針」「2017教育・保育要領」には「育みたい資質・能力」および「卒園までに育ってほしい10の姿」が示されるようになりました。ここには様々な認識発達、および非認知能力の土台（芽）を育むことが意識されています。

非認知的能力は、OECD（経済協力開発機構）やアメリカの心理学者、さらにはノーベル経済学賞を受賞したHackman（2012）らの研究成果によって注目されるようになりました[7]。これらの研究成果は教育界にも大きな影響を与え、新しい「2017要領」と「2017指針」の改定の原拠にもなりました。

OECDは非認知的分野の中で人のもつスキルを、「認知的スキル」と「社会情緒的スキル」の2つに整理しており、この2つは相互に関

連していてバランスよく持つことが重要だとしています。

「認知的スキル」とは知識や記憶、思考や知識に基づいた解釈、熟考、考察などを言い、「非認知的（社会情緒的）スキル」は、目標達成のための忍耐力や自己制御、目標への情熱、他者との協力（思いやりや尊重　等）、そして感情の管理（自尊心や楽観主義、信頼感等）等を言います。

人が社会人として豊かに成長していく上でこの2つのスキルは教育によってバランスよく育まれることが大切だと言われています。とりわけ就学前の教育においては「認知」よりも「非認知」の能力を促すことの重要性を改めて見直そうという流れが生まれています[8]。

私たちは、運動あそびにおいても技術認識、空間認識、作戦などの高次な能力の発達といった認知能力と同時に、ともに学ぶことや仲間との関係性が運動機能や認知機能と密接に関わって、相互に高められていくことを柱に実践・研究を重ねてきました。今後も、運動あそびにおける認知能力と非認知能力の発達の両面を柱に、運動あそびの実践とさらなる指導方法の検討に取り組んでいきたいと思います。

【注】
　Ⅰ～Ⅲは、中瀬古哲（2013）『子どもの発達と運動会』（かもがわ出版）の一部を転載したものです。図表はすべて同書からの引用です。

【引用・参考文献】
1）幼稚園教育要領（2017年告示）文部科学省
2）保育所保育指針（2017年告示）厚生労働省
3）幼保連携型認定こども園教育・保育要領（2017年公示）内閣府・文部科学省・厚生労働省
4）山本秀人（2002）幼年体育分科会基調提案　学校体育研究同志会全国大会要項集、pp.38-41
5）山本秀人（2005）幼年体育分科会基調提案　学校体育研究同志会全国大会要項集、pp.44-47
6）牧野共明、渡壁史子（2009）「『おにごっこあそび』の系統的指導に関する研究」「山口短期大学研究紀要」第28・29号　山口短期大学学術研究所、pp.13-20
7）国立教育政策研究所（2017）「生徒のwell-being（生徒の『健やかさ・幸福度』）」「OECD生徒の学習到達度調査PISA2015年調査国際結果報告書」、pp.6-9
8）遠藤利彦ほか(2017)「非認知的（社会情緒的）能力の発達と科学的検討手法についての研究に関する報告書」　平成27年度プロジェクト研究報告書、p.18

# おわりに

2009年に旧版『みんなが輝く体育① 幼児期 運動あそびの進め方』を出版してから10年以上になります。この10年は、日本の保育の状況を大きく変えるものでした。幼稚園教育要領、保育所保育指針は10年で改定されるのは通常のことですが、幼保連携型認定こども園が誕生し、幼保連携型認定こども園教育・保育要領が新たに定められました。その他にも様々な変化がありました。

待機児童問題や保育士不足問題等、保育における様々な課題がメディアに取り上げられ大きな社会問題となりました。保育士資格をもっているが保育の仕事をしない「潜在保育士」の存在が注目され、その中で保育士の過酷な労働環境の実態が明らかにされました。そのことで、保育士の処遇改善の見直しが進められていますが、まだまだ課題は山積みの状態です。また、待機児童問題の解消に向けて、設置基準の見直しや改善が図られていますが、子どもたちが自由にのびのびと活動できるようなスペース、安全を守るための人員の確保など、保育の質を確保しながら待機児童を解消するための対策は、引き続き改善と見直しが必要です。

また社会の変化は子どもたちの生活やあそびを変え、体にも大きな影響を与えました。1980年代に高かった子どもたちの体力・運動能力は、旧版の発行の頃には、それ以前に比べ最も低い水準となりました。そのような状況から、2012年には、第1章でも触れたように、文部科学省から『幼児期運動指針』が発行されました。これもこの10年で、日本の保育、特に運動あそびや体育の指導においては、大きな出来事でした。しかし、この幼児期の運動の大切さをみんなで共有するために策定されたはずの『幼児期運動指針』ですが、それが実際に保育の現場で生かされ、広く浸透しているのかというと残念ながら十分とは言えない状況です。

本書を執筆している2021年は、新型コロナウイルス感染拡大防止のために、外出自粛による「ステイホーム」を強いられ、「3密」を避けるための様々な規制により、自由に運動やスポーツをすることさえもできなくなっています。保育現場では、子ども同士で手をつなぐことができない、自由に散歩へ行けない等、日々の保育においても規制が多くなってしまい、存分に子どもたちを遊ばせることができない等の悲痛な声が挙がっています。改めて「運動の大切さ」を実感している今だからこそ、『幼児期運動指針』を生かし、「運動の大切さ」をみんなで共有していきたいものです。

幼児期の運動経験が、その後の人生の体力・運動能力の全てを決めるわけではありませんが、この時期の経験や学びが、日本の子どもたちの将来を支える土台となっていると考えます。この本が、日本の子どもたちの将来の体力・運動能力、スポーツ・運動文化のそして日本の保育・教育の土台を育てる一助になればと考えます。

本書の作成にあたり、ご尽力頂いた全ての方に深く感謝致します。ありがとうございました。

おわりに

　最後に、すべての子どもと保育者と保護者
がともに笑顔で輝けますように…

　　　　2021 年 3 月
　　　　編集責任　口野隆史　塩田桃子

## 執筆者プロフィール ※ 2021 年 3 月現在

**口野隆史** ──はじめに・第 1 章・第 2 章 7 新聞紙あそび・第 3 章Ⅳ・おわりに

京都橘大学発達教育学部児童教育学科教授 ［主な著書］『みんなが輝く体育① 幼児期運動あそびの進め方』（共著）、創文企画、2009 年。『教師と子どもが創る体育・健康教育の教育課程試案 第 1 巻』（共著）、創文企画、2003 年。『子どものからだと心 健康教育大事典』（共著）、旬報社、2001 年。

**塩田桃子** ──はじめに・第 2 章 2 固定遊具あそび・5 ボールあそび・6 なわあそび・おわりに

大阪成蹊短期大学幼児教育学科講師 ［主な著書］『みんなが輝く体育① 幼児期運動あそびの進め方』（共著）、創文企画、2009 年。

**阿部和海** ──第 2 章 1 マット・とび箱あそび

北杜福祉会西多賀チェリーこども園保育教諭

**西井左知子** ──コラム①「乳児の運動あそび」

あおば福祉会みつばち保育園保育士

**竹内 進** ──第 2 章 3 水あそび・コラム③「ドーナツボールは魔法のボール」

大阪成蹊短期大学幼児教育学科教授 ［主な著書］『スポーツの主人公を育てる体育・保健の授業づくり 指導案の基本とプラン集』（共著）、創文企画、2018 年。『みんなが輝く体育① 幼児期運動あそびの進め方』（共著）、創文企画、2009 年。『障害児の遊び・ゲームワンダーランド』（編著）、いかだ社、1997 年。

**子安崇夫** ──第 2 章 4 かけっこ・おにごっこ・コラム④「伝承あそび "あやとり" "二人手あそび"」

山口短期大学児童教育学科講師 ［主な著書］『みんなが輝く体育① 幼児期運動あそびの進め方』（共著）、創文企画、2009 年。

**手島史子** ──コラム②「『さんぽ』のたのしみ」・第 3 章Ⅳ

山口短期大学児童教育学科特任准教授 ［主な著書］『野外教育入門シリーズ─海辺の野外教育─』（共著）、杏林書院、2012 年。『みんなが輝く体育① 幼児期運動あそびの進め方』（共著）、創文企画、2009 年。『健康の評価 保育内容シリーズ 健康』（共著）、一藝社、2004 年。

**前田雅章** ──第 2 章 8 民舞「荒馬」

相愛大学人間発達学部子ども発達学科講師／元大阪府小学校教諭 ［主な著書］『まるごと日本の踊り小学校運動会 BOOK 演技編』（共著）、いかだ社、2009 年。『みんなが輝く体育③小学校中学年体育の授業』（共著）、創文企画、2009 年。『教師と子どもが創る 体育・健康教育の教育課程試案②』（共著）、創文企画、2004 年。

**中瀬古 哲** ──第 3 章Ⅰ〜Ⅲ

神戸親和女子大学発達教育学部ジュニアスポーツ教育学科教授 ［主な著書］『スポーツの主人公を育てる体育・保健の授業づくり』（共著）、創文企画、2018。『子どもの発達と運動会─就学前体育カリキュラム論序説─』（単著）、かもがわ出版、2013。『新学校体育叢書 水泳の授業』（共著）、創文企画、2012。

［イラスト］阿部美都、吉田慶介

［写真協力］あおば福祉会みつばち保育園

新みんなが輝く体育4

# 幼児期　運動あそびの進め方

2021 年 3 月 30 日　第 1 刷発行
2022 年 3 月 31 日　第 2 刷発行

編　者　学校体育研究同志会

発行者　鴨門裕明

発行所　㈲創文企画
　　　　〒101−0061　東京都千代田区神田三崎町 3−10−16　田島ビル 2F
　　　　TEL 03−6261−2855　　FAX 03−6261−2856
　　　　http://www.soubun-kikaku.co.jp
　　　　[振替]00190−4−412700

装　丁　オセロ

印　刷　壮光舎印刷㈱

ISBN 978-4-86413-144-5